Umschlaggestaltung: Michael Franzen
Text und Lektorat: Michael Franzen

Western Books Verlag©, Michael Franzen, 24534 Neumünster
michaelfranzen1965@googlemail.com

Druck: Neopubli GmbH, 10969 Berlin

ISBN Paperback: 978-3-746726-18-2
ISBN ebook: 978-3-7485-9769-8

Michael Franzen

Tagebuch der Geschichte der USA des 19. Jahrhunderts

Band 8
1889 - 1899

Vorwort

Der achte und letzte Band schließt das Tagebuch der Geschichte der USA des 19. Jahrhunderts. Aus den einfachen Holzhütten der ersten Siedler sind mächtige Wolkenkratzer entstanden. Den tief im Boden eingefurchten Spuren der Räder der nach Westen ziehenden Planwagenkolonnen sind die Straßen, die Highways und die Eisenbahnlinien gefolgt und statt der Millionen von frei umherziehenden Bisons grasen nun die Rinder der großen Viehzüchter auf den weiten Ebenen der Prärie, während die einstigen Cowboys das Pferd mit einem Geländewagen oder einem Helikopter eingetauscht haben. Was am Ende bleibt, sind die Namen jener legendären, in der Mehrzahl jedoch einfachen Männer und Frauen, die dieses Kapitel der amerikanischen Geschichte geschrieben und dabei das Gesicht des nordamerikanischen Kontinents nachhaltig verändert haben. Es folgte der Aufstieg der Vereinigten Staaten zur bedeutendsten Weltmacht des 20. Jahrhunderts, mit all seinen positiven Errungenschaften, aber auch mit dem Leid und dem Schrecken zweier großer Weltkriege, deren Nachglut die vorhandenen Konflikte der Welt bis in die heutige Zeit hinein am Lodern und am Brennen hält.

Neumünster, im Mai 2018,
- der Autor -

1889

Die ersten Fahrräder kommen auf dem Markt. Um 1893 herum sind es bereits mehr als eine Million.

Der spätere US-Präsident Theodore Roosevelt (1858-1919) veröffentlicht die ersten zwei Bände seiner *„The Winning of the West"*, in denen er die frühe Besiedlung des Gebietes westlich der Alleghenies beschreibt.

Mark Twain (1835-1910) veröffentlicht *„A Connecticut Yankee in King Arthur's Court."*

Andrew Carnegie (1835-1919) kürzt die Löhne seiner Arbeiter in den Stahlwerken um 25 % und weigert sich, mit den Vertretern der Belegschaft über diese Lohnkürzung zu sprechen. Als daraufhin ein Streik ausbricht, muss Carnegie am Ende nachgeben und die Lohnkürzung wieder zurücknehmen.

Inspiriert durch die englischen *Settlement Houses*, richtet die Soziologin Jane Adams (1860-1935) in Chicago das erste *Hull House* ein. Es dient als Tagesstätte, Arbeitsvermittlungsbüro und Versammlungsstätte.

Die Firma Colt führt eine verbesserte Ausgabe des Double-Action-Revolvers ein, der mit dem Kaliber .38 die Aufmerksamkeit militärischer Kreise auf sich zieht.

William Worrall Mayo (1819-1911) gründet zusammen mit seinen beiden Söhnen William James (1861-1939) und Charles Horace (1865-1939) das *Saint Marys Hospital* in Rochester, Minnesota welches unter seinen Namen *„Mayo-Klinik"* schnell Berühmtheit erlangt.

In West Virginia wird der erste Tornado registriert.

01. Januar

Über Teilen von Kalifornien und Nevada kommt es zu einer totalen Sonnenfinsternis. Der Pajute-Indianer Wovoka (ca. 1856-1932), der auch unter seinen weißen Namen Jack Wilson bekannt wird, will während dieser Sonnenfinsternis eine Vision erhalten haben, die zu der Ghost Dance-Bewegung bei den Reservats-Indianern führt.

02. Januar

Der Schauspieler Walter Baldwin (*„Die besten Jahre unseres Lebens"* (1946), *„Rosemary's Baby"* (1968) wird in Lima, Ohio geboren.

08. Januar

Der Erfinder Herman Hollerith (1860-1929) erhält ein Patent für seine elektrische Tabelliermaschine.

14. Januar

Der US-Kongress verabschiedet das *Nelson Act.*

15. Januar

Die *Coca-Cola Company*, bekannt als *Pemperton Medicine Company* wird in Atlanta, Georgia gegründet.

02. Februar

Kansas erlässt das erste Anti-Trust-Gesetz.

03. Februar

Myra Maybelle Shirley, alias *Belle Starr* (*1848), größte Banditenbraut des Wilden Westens, wird auf einen Ritt von Fort Smith zu ihrem Versteck bei Younger's Bend im Indianer-Territorium von einer unbekannten Person mittels einer Schrotflinte aus dem Hinterhalt erschossen.

11. Februar

Der General der Union im amerikanischen Bürgerkriega, Henry Jackson Hunt (*1819) stirbt in Washington D. C.

15. Februar

Norman Jay Colman (1827-1911) wird der erste Landwirtschaftsminister der Vereinigten Staaten.

16. Februar

Der Commodore des *US-Army Air Corps* Hawthorne Charles Grey wird in Pasco, Washington geboren. Am 04. November 1927 stellt er mit seinem Ballon einen Höhenrekord von 12,44 km auf.

22. Februar

Der US-Kongress verabschiedet das *Enabling Act*.

US-Präsident Cleveland unterzeichnet ein Gesetz, dass Nord- und Süddakota, Montana und Washington als US-Bundesstaaten zulässt.

23. Februar

Der Filmregisseur *(„Der Zauberer von Oz"* (1939), *„Vom Winde verweht"* (1939) Victor Fleming wird in La Cañada Flintridge, Kalifornien geboren.

24. Februar

Der Schachweltmeister Wilhelm Steinitz (1836-1900) verteidigt erfolgreich seinen Titel (er wurde erster offizieller Schachweltmeister im Jahre 1886) gegen seinen Herausforderer Michail Iwanowitsch Tschigorin (1850-1908) in 17 Partien (bis 24. Februar) mit 10,5 zu 7,5 Punkten.

02. März

Der US-Kongress erklärt, dass das gesamte Gebiet der Beringsee mit seinem wichtigen Robbenfang-Gebiet fortan unter der Kontrolle der USA steht.

04. März

Benjamin Harrison (1833-1901) tritt sein Amt als 23. US-Präsident an; Beginn der Legislaturperiode des 51. US-Kongresses.

Der US-Senator aus Hawaii (1959-1963) Oren Etelbirt Long wird in Altoona, Kansas geboren.

Die Stummfilmschauspielerin Pearl Fay White wird in Green Ridge, Missouri geboren.

07. März

Der Marinefliegerpionier Godfrey de Courcelles Chevalier wird in Providence, Rhode Island geboren.

08. März

Der schwedisch-amerikanische Erfinder (u. a. *USS Monitor*) Johan Ericsson (*1803) stirbt in New York City.

14. März

Der US-Senator aus Florida (1858-1869) Adonijah Welch

(*1821) stirbt in Pasadena, Kalifornien.

15. März

Nachdem deutsche Kriegsschiffe ein Dorf auf Samoa unter Feuer genommen und dabei auch amerikanisches Eigentum zerstört haben, laufen drei amerikanische Kriegsschiffe im Hafen von Apia ein, um sich auf ein Seegefecht mit den drei deutschen Schiffen vorzubereiten. Doch bevor ein einziger Schuss abgefeuert werden kann, fegt ein Hurrikan über die Flotte hinweg und versenkt alle sechs beteiligten Schiffe, die sich geweigert hatten, den Hafen vor der jeweils anderen Partei wieder zu verlassen. 200 Seeleute ertrinken und es kommt zu einem zwangsläufigen Waffenstillstand zwischen beiden Seiten.

29. März

Der Filmschauspieler Warner Leroy Baxter („*The Great Gatsby*" (1926), „*In Old Arizona*" (1928) wird in Columbus, Ohio geboren.

30. März

Die McCarty-Bande überfällt die *First National Bank* in Denver, Colorado und entkommt mit 21.000 Dollar.

15. April

Der Maler und Wandmaler Thomas Hart Benton wird in Neosho, Missouri geboren.

16. April

Der Filmkomiker und Regisseur Charlie Chaplin wird als Charles Spencer Chaplin in London, England geboren. In den USA wird Chaplin 1913 als Komiker von der *Mack Sennets Keystone Film Company* engagiert. 1914 dreht Chaplin 14 Filme. Es folgen Klassiker wie *„The Tramp"* (1915), *„Easy Street"* (1917) und *„The Emigrant"* (1917). 1919 gründet Chaplin zusammen mit Douglas Fairbanks (1883-1839) und Mary Pickford (1892-1979) die *United Artist.* Weitere Filme wie *„Goldrausch"* (1925), *„Lichter der Großstadt"* (1931), *„Moderne Zeiten"* (1936) und *„Der große Diktator"* (1940) werden zu Filmklassikern und machen Chaplin weltberühmt. 1952 verlässt Chaplin wegen Anfeindungen moralischer und politischer Natur mit seiner Frau Oona (1925-1991) die USA und zieht nach Vevey am Genfer See in der Schweiz. 1975 wird er von Queen Elizabeth II. (*1926) für sein Lebenswerk zum Ritter geschlagen. Chaplin stirbt am 26. Dezember 1977 in seinem Haus am Genfer See. Insgesamt drehte er 81 Filme.

22. April

Um Punkt 12. Uhr Mittags wird der indianische Teil des Oklahoma-Territoriums zur Besiedlung freigegeben. Zehntausende von Siedlern, die an der Grenze zum Territorium gewartet haben, stürmen nach dem Startschuss in das Land (*Oklahoma Land Rush*) und die Städte Guthrie und Oklahoma City werden praktisch über Nacht aus dem Boden gestampft.

30. April

Der US-Senator aus Connecticut (1876-1879) William Henry Barnum (*1818) stirbt in Lime Rock, Connecticut.

03. Mai

Die Film-, Bühnen- und Fernsehschauspielerin *(„Mr. Smith geht nach Washington“ 1939)* Beulah Bondi wird in Valparaiso, Indiana geboren.

04. Mai

Der Theologe und Erzbischof von New York (1939-1967) Francis Joseph Spellman wird in Whitman, Massachusetts geboren.

09. Mai

New Jersey ändert seine Anti-Trust-Gesetze derart, dass die großen Unternehmen in diesem Staat ihre Holding-Gesellschaften gründen können. Delaware folgt dem Beispiel New Jerseys wenig später.

09. Mai

Der Brigadegeneral und Brevet Generalmajor im Mexikanisch-Amerikanischen Krieg und in den Indianerkriegen William Selby Harney (*1800) stirbt in Orlando, Florida.

18. Mai

Buffalo Bills erste Europa-Tournee beginnt in Paris, Frankreich (bis 14. November).

31. Mai

Im Westen von Pennsylvania bricht der South Fork Damm, wobei die Flutwelle rund 2.200 Menschen in und um Johnstown tötet.

02. Juni

Die Schauspielerin Verna Martha Wentworth wird in New York City geboren.

03. Juni

Die erste Strom-Überlandleitung zwischen einem Stromgenerator bei Willamette Falls und der Innenstadt von Portland, Oregon ist fertiggestellt.

06. Juni

In Seattle, Washington-Territorium bricht ein großes Feuer aus, das die Innenstadt zerstört. Menschenleben sind nicht zu beklagen.

14. Juni

Durch den Vertrag von Berlin wird ein Protektorat der

USA, Großbritanniens und Deutschlands auf Samoa errichtet.

18. Juni

Der US-Senator aus Michigan (1936-1943) Prentiss Marsh Brown wird in St. Ignace, Michigan geboren.

25. Juni

Der Pädagoge und Bürgerrechtler John Morton-Finney wird in Kentucky geboren.

26. Juni

Der 26. US-Kriegsmnister (1861-1862) Simon Cameron (*1799) stirbt in Maytown, Pennsylvania.

27. Juni

Der Schauspieler Moroni Olsen wird in Ogden, Utah-Territorium geboren.

07. Juli

Bei einem großen Brand in Bakersfield, Kalifornien werden 196 Gebäude zerstört und ein Mensch getötet.

08. Juli

Die erste Ausgabe des „*Wall Street Journals*" erscheint in

New York City.

08. Juli

Der letzte Boxweltmeisterschaftskampf unter den *London Prize Ring Rules* findet zwischen John Lawrence Sullivan (1858-1918) und Jake Kilrain (1859-1937) in Richburg, Mississippi statt. Sullivan siegt nach 75 Runden, nachdem die gegnerische Ecke das Handtuch wirft.

17. Juli

Der Rechtsanwalt und Autor Erle Stanley Gardner wird in Malden, Massachusetts geboren.

20. Juli

Beginn des Weidekriegs in Johnson County, Wyoming-Territorium.

22. Juli

Der Pilot und Flugzeugkonstrukteur Antony Habersack Jannus wird in Washington D. C. geboren. Er fliegt 1912 u. a. das erste Flugzeug, aus dem ein Fallschirmabsprung gemacht wird.

August

Der erste Transparent-Rollfilm der Firma Eastman kommt auf dem Markt.

04. August

Ein großes Feuer in Spokane, Washington-Territorium zerstört 32 Häuserzüge.

08. September

Der US-Senator aus Ohio (1939-1953) Robert Alfonso Taft wird in Cincinnati, Ohio geboren.

16. September

Der Outlaw und Mitglied der James-Younger-Bande, Robert Ewing *„Bob"* Younger (*1853), stirbt im Gefängnis von Stillwater, Minnesota an der Tuberkulose.

17. September

Der Bürgerkriegsveteran Charles Jefferson Wright gründet die New Yorker Militärakademie in Cornwall, New York.

23. September

Der Journalist und Schriftsteller Walter Lippmann wird in New York City geboren.

24. September

Der Ballonfahrer und Fallschirmspringer Charles Leroux (*1856) stirbt in Reval, Russland.

Oktober

Thomas Alva Edison (1847-1931) stellt sein Kinetoskop fertig.

02. Oktober

In Washington findet die erste Konferenz amerikanischer Staaten statt, an der die USA sowie 17 latain- und südamerikanische Staaten teilnehmen. Dem Vorschlag der USA nach einer Zollunion verweigern sich die meisten Staaten jedoch.

10. Oktober

Der Forscher und Autor Kermit Roosevelt wird in Oyster Bay, New York geboren.

12. Oktober

Der Pädagoge und US-Generalleutnant Troy Houston Middleton wird in Copiah County, Mississippi geboren.

02. November

Das Dakota-Territorium wird geteilt und als North und South Dakota als 39. und 40. Staat in die Union aufgenommen; Hauptstadt wird Bismarck, bzw. Pierre.

08. November

Montana wird als 41. Staat in die Union aufgenommen; Hauptstadt wird Helena.

11. November

Washington wird als 42. Staat in die Union aufgenommen; Hauptstadt wird Olympia.

12. November

Der Zeitungsverleger und Mitbegründer von „*Reader's Digest*“ (1922) DeWitt Wallace wird in St. Paul, Minnesota geboren.

14. November

Inspiriert von dem Schriftsteller Jules Verne (1828-1905), beendet die Journalistin Elizabeth Cochrane, alias Nellie Bly, ihre Reise um die Welt in 72 Tagen, 6 Stunden und 11 Minuten.

17. November

Buffalo Bills Wild West tritt im französischen Lyon auf (bis 28. November).

20. November

Einer der bedeutendsten Astronomen aller Zeiten Edwin

Powell Hubble wird in Marshfield, Missouri geboren.

23. November

Im *Palais Royale Saloon* in San Francisco wird die erste Jukebox in Betrieb genommen.

24. November

Der US-Senator aus Ohio (1879-1885) und US-Botschafter in Deutschland (1885-1889) George Hunt Pendleton (*1825) stirbt in Brüssel, Belgien.

25. November

Der letzte Marinegouverneur von Guam (1940-1941) und US-Konteradmiral George Johnson McMillin wird in Youngstown, Ohio geboren.

01. Dezember

Codys Show gastiert in Marseille (bis 16. Dezember), bevor sie sich nach Spanien wendet, um dort vom 27. Dezember bis zum 19. Januar 1890 zu überwintern.

03. Dezember

Der Vier-Sterne-General Walton Harris Walker wird in Belton, Texas geboren.

04. Dezember

Die Filmschauspielerin Isabel Randolph wird in Chicago, Illinois geboren.

06. Dezember

Der 23. US-Kriegsminister (1853-1857), US-Senator aus Mississippi (1857-1861) und einziger Präsident der Konföderierten Staaten von Amerika (1861-1865) Jefferson Finis Davis (*1808) stirbt in New Orleans, Louisiana.

23. Dezember

Der US-Admiral Daniel Edward Barbey wird in Portland, Oregon geboren.

1890

Der Drucker und Papiertütenhersteller Robert Gair (1839-1927) der 1879 die Produktion von Pappkartons entwickelte erfindet die Wellpappschachtel.

Das *Demarest Building* in New York City wird als erstes Gebäude mit einem elektrischen Fahrstuhl fertiggestellt.

Die Bevölkerung in den USA beträgt 62.947.714.

Das Postministerium verbietet den Versand von Lew Nikolajewitsch Tolstois (1828-1910) Roman *„Kreuzersonate"*, das der Gouverneur von New York Theodore Roosevelt *„sexuell und moralisch pervers"* nennt.

In den USA gibt es 262.400 km Schienenstrang.

James Buchanan Duke (1856-1925) schließt sich mit fünf Konkurrenzfirmen zusammen und gründet die *American Tobacco Company.* Um 1900 beherrscht *American Tobacco* den amerikanischen Markt vollständig.

Bei der Wahl zum 52. US-Kongress erhalten die Republikaner die Mehrheit im Senat, während die Demokraten die Mehrheit im Repräsentantenhaus bekommen.

02. Januar

Der Dichter, Dramatiker und Diplomat George Henry Boker (*1823) stirbt in Philadelphia, Pennsylvania.

04. Januar

Der Westernschauspieler, Regisseur und Produzent Victor Adamson wird in Kansas City, Missouri geboren.

22. Januar

Der Gründer der Montana-Vigilanten John X. Beidler (*1831) stirbt in Helena, Montana.

25. Januar

Die Gewerkschaft der *United Mine Workers* (UMWA) wird in Columbus, Ohio gegründet.

26. Januar

Buffalo Bills Wild West gastiert in Neapel, Italien (bis 17. Februar).

28. Januar

Der Gewaltverbrecher Robert Franklin Stroud, der als *„Vogelmann von Alcatraz"* bekannt wird, wird in Seattle, Washington geboren. Seine Geschichte wird unter dem deutschen Filmtitel: *„Der Gefangene von Alcatraz"*, mit Burt Lancaster (1913-1994) in der Hauptrolle, im Jahre 1962 verfilmt.

09. Februar

Das Wetterbüro wird als ein Teil des Landwirtschafts-ministeriums der USA gegründet.

18. Februar

Der Schauspieler Edward Arnold wird als Günther Edward Arnold Schneider in New York City geboren.

Der Filmschauspieler Adolphe Jean Menjou *(„A Star is Born“)* wird in Pittsburgh, Pennsylvania geboren.

20. Februar

Buffalo Bills Wild West tritt in Rom auf (bis 09. März).

22. Februar

Der Philanthrop und Finanzier John Jacob Astor III. (*1822) stirbt in New York City.

25. Februar

Der Historiker Harold Underwood Faukner wird in Taylor, Pennsylvania geboren.

02. bis 07. März

Eine Gruppe von fünf betrunkenen Apachen töten ca. 10 Meilen westlich von Fort Thomas einen weißen Frachtwagenfahrer und rauben dessen Pferde. Daraufhin kommt es zur Cherry Creek-Kampagne der US-Armee bei der Verfolgung der Apachen. In der Nähe der Mündung des Cherry Creek kommt es am 07. März zu einem Gefecht zwischen den beiden Seiten und nachdem drei der fünf feindlichen Apachen getötet oder verwundet sind, ergibt sich der Rest schließlich den Soldaten.

02. März

Fort Laramie im Wyoming-Territorium wird von der US-Armee aufgegeben.

Der US-Senator aus Connecticut (1875-1876) James Edward Englisch (*1812) stirbt in New Haven, Connecticut.

08. März

Der US-Finanzminister (1953-1957) George Magoffin Humphrey wird in Cheboygan, Michigan geboren.

Die staatliche Universität von North Dakota wird in Fargo gegründet.

11. März

Der Ingenieur, Erfinder und Politiker Vannevar Bush wird in Everett, Massachusetts geboren.

12. März

Buffalo Bills Wild West gastiert im italienischen Florenz (bis 20. März). Vom 23. bis zum 31. März gastiert die Show in Bologna, wo sich u. a. Papst Leo VIII. (1810-1903) Codys Show ansieht und einige seiner Indianer zum

Christentum bekehren kann.

19. März

Der US-Senator aus Kalifornien (1873-1875) John S. Hager (*1818) stirbt in San Francisco, Kalifornien.

21. März

Der US-Senator aus Delaware (1943-1949) Clayton Douglass Buck wird in New Castle, Delaware geboren.

26. März

Das Repräsentantenhaus nimmt mit knapper Mehrheit ein Gesetz zur Aufnahme Wyomings als Staat in die Union an.

Der US-Vizeadmiral Aaron Stanton *„Tip“* Merrill wird in Brandon Hall, Washington, Mississippi geboren.

27. März

Ein Tornado fegt über Louisville, Kentucky hinweg und tötet 76 Menschen, während 200 weitere verletzt werden.

28. März

Die staatliche Universität von Washington wird in Pullman gegründet.

02. April

Buffalo Bills Wild West gastiert in Mailand, Italien (bis 13. April).

07. April

Die Naturschützerin und Schriftstellerin Marjory Stoneman Douglas wird in Minneapolis, Minnesota geboren.

Der US-Admiral Harry Wilbur Hill wird in Oakland, Kalifornien geboren.

14. April

Verona bildet den Schlusspunkt der Auftritte von Codys *Wild West* in Italien (bis 16. April). Danach zieht die Show weiter nach Deutschland, wo die Show zunächst vom 19. April bis 05. Mai 1890 in München auftritt, wobei die Zuschauer dem „*Ochsen-Willy*" und seinen Darstellern begeistert zujubelt.

19. April

Die Konferenz der Amerikanischen Staaten in Washington wird vertagt. Das *International Bureau of American Republics* wird errichtet, aus dem später die *Pan American Union* hervorgeht.

26. April

Der Filmkomödiant (Hal Roach Filme) Edgar Livingston Kennedy wird in Monterey County, Kalifornien geboren.

Mai

Die Frauenrechtsorganisation *National American Woman Suffrage Association* (NAWSA) wird von Elizabeth Cady Stanton (1815-1902) und Susan Brownell Anthony (1820-1906) gegründet.

01. Mai

Der 30. US-Gouverneur von Amerikanisch-Samoa (1940-1942) Laurence Wild wird in Wilber, Nebraska geboren.

02. Mai

Das Oklahoma-Territorium wird gegründet.

03. Mai

Der US-Senator aus Kentucky (1877-1890) James Burnie Beck (*1822) stirbt in Washington D. C.

15. Mai

Die Romanautorin Katherine Anne Porter wird in Indian Creek, Texas geboren.

01. Juni

Buffalo Bills Wild West tritt in Dresden (bis 16. Juni) auf. Danach folgen Leipzig (17. bis 22. Juni) und Magdeburg (24. bis 30. Juni).

Der Charakterdarsteller *„The Wizard of Oz"* (1939) Frank Morgan wird als Francis Phillip Wuppermann in New York City geboren.

06. Juni

Der Jazzmusiker und Entertainer Ted Lewis wird als Theodore Leopold Friedman in Circleville, Ohio geboren.

10. Juni

Der Filmregisseur William A. Seiter wird in New York City geboren.

16. Juni

Der Filmkomiker Stan Laurel wird als Arthur Stanley Jefferson in Ulverston, Großbritannien geboren. An der Seite seines Filmpartners Oliver Hardy (1892-1957) dreht Laurel berühmte Filmklassiker wie: *„Hinter Schloss und Riegel"* (1931), *„In der Fremdenlegion"* (1934), *„Salontiroler"* (1938), *„In Oxford"* (1940) oder *„Auf hoher See"* (1940). 1961 bekommt Laurel einen Oscar für sein Lebenswerk. Am 23. Februar 1965 stirbt er nach einem Herzinfarkt im Alter von 74 Jahren.

21. Juni

Der Luftfahrtpionier und Generalleutnant der US Air Force Lewis Hyde Brereton wird in Pittsburgh, Pennsylvania geboren.

25. Juni

Die Tänzerin und Schauspielerin Frances Charlotte Greenwood wird in Philadelphia, Pennsylvania geboren.

26. Juni

Der US-Admiral Oscar Charles Badger II. wird in Washington D. C. geboren.

Die Bühnen- und Filmschauspielerin Jeanne Eagles wird in Kansas City, Missouri geboren.

27. Juni

Der Kongress verabschiedet das *Dependent Pension Act*.

28. Juni

Der US-Admiral William Henry Purnell *„Spike"* Blandy wird in New York City geboren.

30. Juni

Der Komponist Samuel Parkmann Tuckermann (*1919)

stirbt in Newport, Rhode Island.

01. Juli

Hannover (bis 14. Juli) und Braunschweig (15. bis 20. Juli) sind die nächsten Stationen von *Buffalo Bills Wild West.*

02. Juli

Das *Sherman Anti Trust Act* wird erlassen.

03. Juli

Idaho wird als 43. Staat in die Union aufgenommen; Hauptstadt wird Boise.

04. Juli

Die Dalton-Bande (Robert Rennick *„Bob"* (1869-1892), Grattan Hanley *„Grat"* (1861-1892) und Emmett *„Em"* Dalton (1871-1937)) geben ihren Einstand als Banditen, als sie in der Osage-Reservation, Oklahoma-Territorium 17 Pferde und Maultiere stehlen.

10. Juli

Wyoming wird als 44. Staat in die Union aufgenommen; Hauptstadt wird Cheyenne.

10. Juli

Der US-Senator aus Kentucky (1868-1871) Thomas Clay McCreery (*1816) stirbt in Owensboro, Kentucky.

13. Juli

Der Forscher, Gouverneur von Kalifornien (1850-1851) und 5. Gouverneur des Territoriums von Arizona (1878-1881) John Charles Frémont (*1813) stirbt in New York City.

Infolge eines Gewitters mit starken Winden (wahrscheinlich ein Wasser-Tornado), kentert der Ausflugsraddampfer *Sea Wing mit* 215 Passagieren an Bord, auf dem Lake Pepin, in der Nähe von Lake City, Minnesota, wobei 98 Menschen in den Fluten ertrinken.

14. Juli

Das *Sherman Silver Purchase Act* wird erlassen. Das US-Schatzamt muss pro Monat 4,5 Millionen Unzen Silber zum jeweiligen Marktpreis gegen in Gold oder eintauschbare Schatzbriefe aufkaufen.

26. Juli

Der Konteradmiral Daniel Judson Callaghan wird in San Francisco, Kalifornien geboren. Für seinen Einsatz bei der Seeschlacht von Guadalcanal (12. bis 15. November 1942) wird ihm posthum die *Medal of Honor* verliehen.

August

Thomas Alva Edison lässt sich von George Eastman (1854-1932) dessen Zelluloid-Film in eigens für ihn 15 Meter lang zugeschnittenen Streifen liefern. Edison bringt an dem Filmstreifen eine Randbohrung an und legt diesen in seinen Kinetografen ein, der mit einem Mechanismus zur ruckweisen Weiterbewegung des Films und einem synchron arbeitenden Drehverschluss ausgestattet ist - die wesentlichen Merkmale der heutigen Filmkamera.

02. August

Die Filmschauspielerin Marin Sais wird als May Smith in San Rafael, Kalifornien geboren.

06. August

Der zum Tode verurteilte Mörder William Kemmler (*1860) ist der erste Mensch, der im Gefängnis von Auburn, New York durch den elektrischen Stuhl hingerichtet wird. Es dauerte ca. acht Minuten und zwei Versuche mit 1.000 bzw. 2.000 Volt, bis Kemmler schließlich für tot erklärt wird.

10. August

Der in Irland geborene Dichter John Boyle O'Reilly (*1844) der sich auch für die Rechte von Schwarzen einsetzte, stirbt in Boston, Massachusetts.

24. August

Buffalo Bills Wild West tritt in Hamburg auf (bis 31. August).

30. August

Das *Morrill Land-Grant Colleges Act* wird erlassen.

September

Der Präsident der Kirche „Jesu Christi der Heiligen der letzten Tage“ Wilford Woodruff, Sr. (1807-1898) gibt das *„Manifest von 1890“* heraus, das die Polygamie bei den Mormonen abschafft.

02. September

Codys *Wild West* gastiert in Bremen (bis 11. September). Danach folgen Auftritte in Köln (16. bis 22. September) und Düsseldorf (23. bis 29. September) bevor die Show weiter nach Frankfurt zieht, wo sie vom 30. September bis 13. Oktober auftritt.

20. September

Der Jazzpianist, Komponist und Bandleader *(„Jelly Roll Blues“, „King Porter Stomp“)* Jelly Roll Morton wird als Ferdinand Joseph LaMothe in New Orleans, Louisiana geboren.

24. September

Der US-Senator aus Louisiana (1937-1972) und *President pro tempore* des Senats (1971-1972) Allen Joseph Ellender wird in Montegut, Louisiana geboren.

25. September

Der Sequoia-Nationalpark in Kalifornien wird gegründet. Der Park ist berühmt für seine riesigen Mammutbäume. Zusammen mit dem Kings Canyon-Nationalpark gehört er seit 1976 zum UNESCO-Biosphären-Reservat.

01. Oktober

Der *McKinley-Tarif* erhöht den Zoll um durchschnittlich 50 %, um die einheimische Wirtschaft zu schützen.

Im Westen Kaliforniens wird der Yosemite-Nationalpark gegründet.

Die Stummfilmschauspielerin Alice Joyce wird in Kansas City, Missouri geboren.

02. Oktober

Der Bühnen- und Filmkomiker sowie Autor Groucho Marx, jüngerer Bruder der Marx-Brothers Cico (1887-1961) und Harpo (1888-1864), wird in New York City geboren. Die Brüder Gummo und Zeppo werden 1893 bzw. 1901 geboren.

08. Oktober

Der Rennfahrer und das Flieger-Ass im Ersten Weltkrieg (26 bestätigte Luftsiege) sowie Träger der Medal of Honor Edward Vernon *„Fast Eddie"* Rickenbacker wird in Columbus, Ohio geboren.

11. Oktober

The Daughters of the American Revolution werden in Washington D. C. gegründet.

13. Oktober

Der Romanautor Conrad Michael Richter wird in Tremont, Pennsylvania geboren.

14. Oktober

Buffalo Bills Wild West tritt in Stuttgart auf (bis 19. Oktober). Zum Abschluss der Europa-Tournee geht es dann nach Straßburg (21. bis 26. Oktober), bevor sich die Show auf der *Persian Monarch* wieder nach Amerika hin einschifft.

Der Fünf-Sterne-General im 2. Weltkrieg, Oberbefehlshaber der alliierten Expeditionskräfte in Europa und 34. US-Präsident (1953-1961) Dwight David *„Ike"* Eisenhower wird in Denison, Texas geboren.

01. November

Der Staat Mississippi beschränkt als erster Staat die Rechte von Schwarzen, indem eine Zusatzklausel *(„Understanding Clausel")* in der Verfassung des Landes verankert wird, die besagt, dass schwarze Wähler lesen und die Verfassung verstehen müssen.

07. November

Der einzige Überlebende von Custers fünf Kompanien in der Schlacht am Little Bighorn (25. Juni 1876), das Pferd von Captain Miles Walter Keogh (1840-1876) *„Comanche",* stirbt und steht heute ausgestopft in einer Glasvitrine im Naturhistorischen Museum der Universität von Kansas. Der Historiker Evan Shelby Connell, Jr. (1924-2013) ist jedoch der Meinung, dass über 100 Pferde nach der Schlacht von den Indianern erbeutet wurden. Selbst eine gelbe Bulldogge soll die Schlacht am Bighorn-Fluss überlebt haben.

20. November

Das Büro für Indianische Angelegenheiten (BIA) fordert sämtliche Indianeragenten auf, dem Büro sämtliche Namen aller Unruhestifter unter den Anhängern des sogenannten Geistertanzes mitzuteilen.

09. Dezember

Schachweltmeister Wilhelm Steinitz verteidigt seinen Titel gegen Isidor Gunsberg (1854-1930) nach 19. Partien (bis 22. Januar 1891) mit 10,5 zu 8,5 Punkten.

15. Dezember

Nachdem General Nelson Appleton Miles (1839-1925) dem Kommandanten von Fort Yates Lieutenant Colonel William F. Drum den Befehl gegeben hat, Sitting Bull zu verhaften, umstellt die Indianerpolizei unter Marcellus Red Tomahawk (ca. 1849-1931) die Hütte des Häuptlings und seiner Familie auf der Standing Rock Reservation. Bei dem Versuch, den Häuptling zu verhaften, kommt es zu einem Schusswechsel zwischen den Anhängern von Sitting Bull, die sich vor der Hütte eingefunden haben und den Indianerpolizisten. Dabei werden Lieutenant Bull Head und Shave Head getötet. Bevor er stirbt, schießt Bull Head Sitting Bull in die Seite, danach feuert Red Tomahawk auf ihn, wobei der Häuptling tödlich in den Kopf getroffen wird. Auch Crowfoot, der Sohn Sitting Bulls kommt bei dem Schusswechsel ums Leben. Sitting Bulls Leichnam und der seines Sohnes werden in aller Heimlichkeit nach Fort Yates gebracht und dort auf dem Militärfriedhof begraben (17. Dezember).

17. Dezember

Etwa 100 Hunkpapa-Sioux fliehen nach der Ermordung von Sitting Bull aus Standing Rock zum Lager der Minneconjou-Sioux unter Big Foot (*Si Tanka* oder auch Spotted Elk 1824-1890) am Cherry Creek.

21. Dezember

Der Genetiker und Nobelpreisträger (1946) Hermann Joseph Muller wird in New York City geboren.

23. Dezember

Der Gunfighter Luke L. Short (1854-1893) wird in Fort Worth, Texas von hinten von einem Konkurrenten namens Charles Wright mit einer Schrotflinte niedergeschossen. Short kann Wright anschließend mit seinem Revolver erschießen und sollte seine Schussverletzung überleben.

29. Dezember

Nachdem eine Abteilung der 7. US-Kavallerie unter dem Kommando von Major Samuel Whiteside das Lager von Big Foot am Porcupine Creek, South Dakota umstellt hat, kommt es zu einem Gefecht und Massaker an den Indianern, als sich einige von ihnen der Durchsuchung nach Waffen widersetzen, wobei sich ein Schuss löst, der das Gefecht auslöst. Am Ende sind ca. 150 bis 300 Sioux, darunter auch Big Foot, tot. 25 Soldaten werden getötet, 39 weitere werden schwer verwundet. Von den Sioux sind 51 verwundet. Viele der Soldaten sterben dabei durch den eigenen Beschuss ihrer Hotchkiss-Kanonen. Die weit verbreitete Meinung, dass Wounded Knee das letzte Gefecht zwischen den indianischen Ureinwohnern und der US-Armee markiert, ist insofern nicht richtig, da es am 03. Oktober 1898 in Minnesota zu einem letzten Gefecht mit den Ojibwa kommt.

1891

Jesse Wilford Reno (1861-1947) erfindet die erste Arbeitsrolltreppe, die am *Old Iron Pier* in Coney Island, New York City zum Einsatz kommt.

Der Revolutionär Catarino Erasmo Rodriquez Garza (1859-1895) startet von Texas aus eine Kampagne, um einen Aufstand gegen den mexikanischen Diktator José de la Cruz Pofirio Diaz Mori (1830-1915) zu beginnen. Wegen der Verletzung der Neutralität ist die US-Armee in dem Konflikt involviert und hilft der mexikanischen Armee, Garzas Anhänger aufzuspüren und zu verhaften (bis 1893).

Der aus Kanada stammende Arzt und Pädagoge James Naismith (1861-1939) erfindet in Springfield, Massachusetts die Hallensportart Basketball.

01. Januar

Der Schauspieler Charles Ambrose Bickford *(„Das Lied von Bernadette“* (1943), *„A Star is Born“* (1954), wird in Cambridge, Massachusetts geboren.

02. Januar

Der Bühnen-, Film und Fernsehschauspieler Charles P. Thompson wird in Philadelphia, Pennsylvania geboren.

17. Januar

Der Historiker, Botschafter in London und Berlin sowie 17. US-Marineminister (1845-1846) George Bancroft (*1800) stirbt in Washington D. C.

21. Januar

Der aus Dänemark stammende Chris Madsen (1851-1944) wird zum US-Deputy Marshal im Oklahoma-Territorium ernannt.

29. Januar

Liliuokalani (1838-1917) wird zur Königin von Hawaii proklamiert.

30. Januar

Der Flugpionier, Pilot, Flugzeughersteller und Mitbegründer der *Beech Aircraft Company* Walter Herschel Beech wird in Pulaski, Tennessee geboren.

06. Februar

Bob und Emmett Dalton überfallen in der Nähe von Alila,

Kalifornien den Zug No. 17 der *Southern Pacific Railroad*, wobei der Heizer George W. Radcliff erschossen wird. Auf die beiden Brüder wird daraufhin eine Belohnung von 3.600 Dollar ausgelobt.

10. Februar

Der Schriftsteller Paul Harold Elliot wird in Malden, Massachusetts geboren.

12. Februar

Der US-Senator aus Colorado (1941-1957) Eugene Donald Millikan wird in Hamilton, Ohio geboren.

13. Februar

Der Maler *(„amerikanische Gotik“)* Grant DeVolson Wood wird in Anamosa, Iowa geboren.

14. Februar

Der Generalmajor im amerikanischen Bürgerkrieg, General in den Indianerkriegen und Oberbefehlshaber der US-Armee (1869-1883) William Tecumseh Sherman (*1820) stirbt in New York City.

28. Februar

Der US-Senator aus Kalifornien (1886 und 1887-1891) und Vater des Journalisten Walter Randolph Hearst George Hearst (*1820) stirbt in Washington D. C.

03. März

Der US-Kongress verabschiedet das *Forest Reserve Act,* das *Land Revision Act,* das *Immigration Act,* das *Merchant Marine Act* sowie das *International Copyright Act.*

04. März

Beginn der Legislaturperiode des 52. US-Kongresses.

06. März

Der US-Senator aus Colorado (1882-1883) George Miles Chilcott (*1828) stirbt in St. Louis, Missouri.

Der US-Senator aus Georgia (1871-1873) Joshua Hill (*1812) stirbt in Madison, Georgia.

Der 41. (1945-1949) und 43. (1953-1957) Gouverneur von Missouri Philip Matthew Donnelly wird in Lebanon, Missouri geboren.

14. März

Ein Lynchmob stürmt ein Gefängnis in New Orleans, Louisiana und ermordet elf Italiener, die zuvor vor Gericht von der Mordanklage wegen der Tötung eines Polizeichefs freigesprochen wurden.

21. März

Der Brigadegeneral der Konföderierten im amerikanischen Bürgerkrieg Joseph Eggleston Johnston (*1807), stirbt in Washington D. C.

01. April

Die *Wrigley Kaugummi Company* wird in Chicago, Illinois gegründet.

07. April

Der Zirkuspionier Phineas Taylor Barnum (*1810) stirbt in Bridgeport, Connecticut.

13. April

Die Romanautorin Nellellitea *„Nelle"* Larsen wird als Nellellitea Walker in Chicago, Illinois geboren.

15. April

Der Stummfilmschauspieler William Wallace Halleck Reid wird in Los Angeles, Kalifornien geboren.

02. Mai

Henry Andrew *„Heck"* Thomas wird von US-Marshal William C. Crimes zum US-Deputy Marshal des Oklahoma-Territoriums ernannt.

04. Mai

Der Komponist Frederick Jacobi wird in San Francisco, Kalifornien geboren.

05. Mai

In New York City wird die Music Hall, die spätere Carnegie Hall eröffnet. Gast-Dirigent ist der russische Komponist Pjotr Iljitsch Tschaikowski (1840-1893).

09. Mai

Die Dalton-Bande überfällt einen Zug in Wharton, 30 Meilen nördlich von Guthrie, Oklahoma-Territorium und entkommt mit rund 9.000 Dollar, wenngleich die Firma *Wells & Fargo* von „lediglich" 1.745 Dollar spricht, die die Bande erbeuten kann.

11. Mai

Der Politiker und US-Finanzminister (1934-1945), sowie Namensgeber des Morgenthau-Planes für die Demontage der Kriegsindustrie Deutschlands nach dem 2. Weltkrieg Henry Morgenthau wird in New York City geboren.

19. Mai

In Cincinnati, Ohio findet der National Konvent der *Peoples Party* statt.

20. Mai

Der Kinetoskop wird erstmalig in den Labors von Thomas Alva Edison vorgeführt.

21. Mai

Der Schriftsteller John Peale Bischof wird in Charles Town, West Virginia geboren.

24. Mai

Der Archäologe William Foxwell Albright wird in Coquimbo, Chile geboren.

08. Juni

Die Schauspielerin Audrey Munson wird in Rochester, New York geboren.

09. Juni

Der Songwriter und Komponist Cole Albert Porter wird in Peru, Indiana geboren.

17. Juni

Der 13. Gouverneur von Wisconsin (1876-1878) Harrison Ludington (*1812) stirbt in Milwaukee, Wisconsin.

21. Juni

Durch das Kraftwerk Ames bei Telluride, Colorado kommt es zur ersten Fernübertragung von Wechselstrom.

Der US-Senator aus Indiana (1875-1881) Joseph Ewing McDonald (*1819) stirbt in Indianapolis, Indiana.

28. Juni

Die Schriftstellerin Esther Louise Forbes wird in Westborough, Massachusetts geboren.

Der US-General und 1944 Kommandeur der strategischen Luftwaffe in Europa Carl Andrew Spaatz wird in Boyertown, Pennsylvania geboren.

30. Juni

Die US-Armee gibt Fort Davis in Texas auf.

04. Juli

Der US-Senator, 26. Gouverneur von Maine (1857) und 15. Vizepräsident der Vereinigten Staaten (1861-1865) Hannibal Hamlin (*1809) stirbt in Bangor, Maine.

05. Juli

Der Biochemiker und Nobelpreisträger für Chemie (1946) John H. Northrop wird in Yonkers, New York geboren.

10. Juli

Die Medizinerin und Physikerin Edith Hinkley Quimby wird in Rockford, Illinois geboren.

21. Juli

Der Schauspieler und Komiker Joseph Evans Brown wird in Holgate, Ohio geboren.

22. Juli

Die US-Armee gibt das Fort Abraham Lincoln in North Dakota auf. Von hier aus marschierte Custers 7. US-Kavallerie zum Little Bighorn.

August

Das 10. US-Kavallerieregiment wird nach Montana verlegt.

12. August

Der Dichter und Essayist James Russell Lowell (*1819) stirbt in Cambridge, Massachusetts.

22. August

Charlie „*Black Faced*“ Bryant (*?), Mitglied der Dalton-Bande, wird von Deputy Sheriff Ed Short bei einer Gefangenenüberführung von Hennessey, Oklahoma nach

Wichita, Kansas während eines Fluchtversuchs erschossen. Auch Short wird von Bryant tödlich getroffen.

15. September

Die Dalton-Bande überfällt einen Zug der *Missouri, Kansas & Texas Railroad* bei Leliaetta im Oklahoma-Territorium und erbeutet rund 2.500 Dollar in Silber.

18. September

Gratton Dalton gelingt es, aus dem Gefängnis in Kalifornien auszubrechen, um sich später seinen beiden Brüdern in Oklahoma anzuschließen.

28. September

Der Schriftsteller und Erzähler („*Moby Dick*“) Herman Melville (*1819) stirbt in New York City.

Die Stummfilmschauspielerin Myrtle Gonzales wird in Los Angeles, Kalifornien geboren.

01. Oktober

Die Universität Stanford in Kalifornien öffnet seine Türen.

08. Oktober

Die McCarty-Bande überfällt die Bank von Wallowa in

Oregon und entkommt mit 5.000 Dollar.

28. Oktober

Der Stuntpilot und Schauspieler Ormer Lesly *„Lock“* Locklear wird in Greenville, Texas geboren.

29. Oktober

Die Komikerin, Sängerin und Schauspielerin Fanny Brice wird als Fanny Borach in New York City geboren.

03. November

Die McCarty-Bande überfällt die Bank von Summerville, Oregon und entkommt mit rund 5.000 Dollar.

04. November

Der US-Generalmajor Orlando Ward wird in Macon, Missouri geboren.

06. November

Der Eisenbahnmagnat und 28. Gouverneur von Vermont (1863-1865) John Gregory Smith (*1818) stirbt in St. Albans, Vermont.

07. November

Die Stummfilmschauspielerin Miriam Cooper wird in Baltimore, Maryland geboren.

11. November

Die Gewerkschaft der Internationalen Bruderschaft der Elektroarbeiter wird in St. Louis, Missouri gegründet.

17. November

Der US-Konteradmiral George H. Cooper (*1821) stirbt in Brooklyn, New York City.

14. Dezember

Die Stummfilmschauspielerin Katherine MacDonald wird in Pittsburgh, Pennsylvania geboren.

17. Dezember

Die Drexel-Universität wird in Philadelphia eröffnet.

20. Dezember

Der US-Senator aus Kansas (1861-1873) Preston Bierce Plumb (*1837) stirbt in Washington D. C.

26. Dezember

Der Schriftsteller Henry Valentine Miller *(„Wendekreis des Steinbocks“* (1939) wird in Yorkville, New York geboren.

1892

Die Winchester *„Modell 1892"* kommt auf dem Markt.

Buffalo *Bills Wild West* gibt 190 Vorstellungen in 131 Städten der USA. Auf dem Höhepunkt seiner Show wirken 640 Akteure, 400 Pferde und 20 Bisons vor oder hinter den Kulissen mit.

Andrew Carnegie vereint seine sämtlichen Unternehmen, in der *Carnegie Steel Company*, wodurch ein Monopol in der Stahlindustrie entsteht.

Bei der Wahl zum 53. US-Kongress erhalten die Demokraten die Mehrheit in beiden Häusern.

01. Januar

Ellis Island, eine Insel im Hudson River vor New York City wird zentrale Aufnahmestelle für Emigranten in die USA.

02. Januar

Der Brevet Generalmajor und Generalquartiermeister der

Union im amerikanischen Bürgerkrieg Montgomery Cunningham Meigs (*1816) stirbt in Washington D. C.

08. Januar

Der Konteradmiral Christopher Raymond Perry Rodgers (*1819) stirbt in Washington D. C.

09. Januar

Die US-Senatorin aus Nebraska (1954) Eva Kelly Bowring wird in Nevada, Missouri geboren.

14. Januar

Der Regisseur, Schauspieler sowie Film- und Fernsehproduzent Harold Eugene „*Hal*" Roach wird in Elmira, New York geboren.

16. Januar

Der US-Senator aus Kentucky (1945-1946) William Abner Stanfill wird in Barbourville, Kentucky geboren.

Der Generalmajor Charles Wolcott „*Doc*" Ryder wird in Topeka, Kansas geboren.

Der Chemiker (Hydrierung organischer Verbindungen) Homer Burton Adkins wird in Newport, Ohio geboren.

18. Januar

Der Komiker und Filmschauspieler Oliver Norvell Hardy wird in Harlem, Georgia geboren. Unter der Regie von Hal Roach spielt Hardy neben seinem Partner Stan Laurel die Rolle des Möchtegern-Mannes von Welt, dessen verlegenes Spielen an seiner Krawatte und den an Laurel gerichteten Spruch: *„Da hast du mir ja mal wieder eine schöne Suppe eingebrockt“* zu seinen Markenzeichen werden. Hardy stirbt nach drei Schlaganfällen am 07. August 1957 in Hollywood, Kalifornien und „schwebt“ seitdem durchs Weltall, denn der Asteroid (2866) Hardy mit einem Durchmesser von ca. 11 km wird 1961 nach ihm benannt.

06. Februar

Der Arzt und Nobelpreisträger für Physiologie oder Medizin (1934) William Parry Murphy wird in Stoughton, Wisconsin geboren.

07. Februar

Der US-Konteradmiral Andrew Bryson (*1822) stirbt in Washington D. C.

12. Februar

Der Geburtstag von Abraham Lincoln wird zum nationalen Feiertag in den USA erklärt.

13. Februar

Der Chefankläger im 1. Nürnberger Kriegsverbrecherprozess Robert Houghwout Jackson wird in Spring Creek, Pennsylvania geboren.

15. Februar

Der erste US-Verteidigungsminister (1947-1949) James Vincent Forrestal wird in Matteawan, das heutige Beacon, New York geboren.

19. Februar

Der US-Senator aus Illinois (1939-1951) Scott Wike Lucas wird in Chandlerville, Illinois geboren.

21. Februar

Der Psychiater und Psychoanalytiker Herbert Stack Sullivan wird in Norwich, New York geboren.

23. Februar

Das Laguna-Salada-Erdbeben mit einer Stärke von 7,2 auf der Richterskala erschüttert Nordmexiko und Südkalifornien.

28. Februar

Der 5. Gouverneur von Arkansas (1852-1860) Elias Nelson Conway (*1812) stirbt in Little Rock, Arkansas.

02. März

Im Zuge der Sherman-Anti-Trust-Gesetze kommt es zur Herauslösung der *Standard Oil Company of Ohio* aus dem Trust und damit zu dessen Selbstauflösung.

03. März

Der Blues-Gitarrist und Countrysänger *„Mississippi"* John Smith Hurt wird in Teoc, Mississippi geboren.

17. März

Der St. Patrick Day Schneesturm sucht den Südosten der USA heim. In Tennessee fallen bis zu 66 cm Neuschnee. In der Stadt Nashville rund 43 cm.

26. März

Der Dichter, Essayist und Journalist Walter *„Walt"* Whitman (*1819) stirbt in Camden, New Jersey.

Der US-Senator aus Illinois (1949-1967) Paul Howard Douglas wird in Salem, Massachusetts geboren.

06. April

Der Industrielle und Flugzeugingenieur Donald Wills Douglas, Sr. wird in Brooklyn, New York geboren.

06. April

Der US-Senator aus Delaware (1872-1892) Willard Saulsbury, Sr. (*1820) stirbt in Dover, Delaware.

08. April

Die US-Senatorin aus Louisiana (1936-1937) Rose McConnell Long wird in Greensburg, Indiana geboren.

Die amerikanische Filmschauspielerin und Mitbegründerin der United Artists Filmstudios Mary Pickford wird als Gladys Louise Smith im kanadischen Toronto geboren.

13. April

Das US-Militär beendet den Johnson-County-Weidekrieg in Wyoming bei der T. A. Farm und nimmt rund 50 Männer einer Revolvergarde unter Josiah Horner, alias Frank M. Canton (1849-1927) unter Arrest, die zuvor von den Großranchern unter Billigung des Gouverneurs von Wyoming Dr. Amos Walker Barber (1861-1915) angeheuert wurden, um offen und gewaltsam gegen die Kleinrancher in Wyoming vorzugehen, wobei einer der erbittertsten Gegner der Großrancher Nathan D. „*Nate*“ Champion (*1857) am 09. April 1892 auf der K. C. Ranch erschossen wurde.

15. April

Durch die Fusion der *Thomas Houston Company* und der

Edison General Electric Company wird die *General Electric Company* gegründet.

19. April

Der Skibob wird als ein „Fahrrad auf Skikufen" von einem Mann namens Stevens aus Hartford, Connecticut patentiert.

Das Vacaville-Erdbeben mit einer Stärke von 6,4 auf der Richterskala erschüttert die nördliche Meeresbucht von Kalifornien. Zwei Tage später erfolgt ein weiteres Beben mit einer Stärke von 6,2. Der Gesamtschaden durch die Beben beträgt rund 250.000 US-Dollar.

26. April

Der Admiral Richard Lansing Connolly wird in Waukegan, Illinois geboren.

29. April

Redondo Beach in Kalifornien wird gegründet.

5. Mai

Das *Geary Act* verschärft die Reglungen des *Chinese Exclusion Acts* und verlängert dessen Gültigkeit um zehn Jahre.

10. Mai

Der US-Senator aus Minnesota (1942-1943) Arthur Emanuel Nelson wird in Browns Valley, Minnesota geboren.

14. Mai

Der US-Senator aus Virginia (1889-1892) John Strode Barbour, Jr. (*1820) stirbt in Washington D. C.

16. Mai

Der US-Generalleutnant Manton Spraque Eddy wird in Chicago, Illinois geboren.

26. Mai

US Deputy Marshal Chris Madsen wird zum US-Chief Deputy Marshal für das Oklahoma-Territorium ernannt.

Der Dichter und Romanschriftsteller Maxwell Bodenheim wird in Hermanville, Mississippi geboren.

01. Juni

Die Dalton-Bande überfällt einen weiteren Zug der *Santa Fe Railroad* bei Red Rock und entkommt mit einigen wenigen hundert Dollar und der goldenen Taschenuhr des Wachmanns John A. Riel. Ein großes Aufgebot nimmt die Verfolgung der Räuber auf, doch diese können ihren Häschern abermals entkommen.

04. Juni

David Thomas Abercrombie (1867-1931) gründet mit der Firma *Abercrombie & Fitch* in New York City das erste Lifestyle-Bekleidungsgeschäft.

05. Juni

Bei einem Ölbrand in Oil City, Pennsylvania kommen 130 Menschen ums Leben.

06. Juni

Die erste Strecke des Chicago „L“, ein städtisches Schnellbahnsystem wird eröffnet.

Der Unternehmer, Spielzeughersteller und Gründer der *Duncan Toys Company* (Middlefield, Ohio 1929) Donald F. Duncan, Sr. (1892-1971) wird in Kansas City, Missouri geboren.

08. Juni

Der Mörder von Jesse James Robert Newton Ford (*1862) wird von Edward Capehart O'Kelly (1857-1904) in Creede, Colorado mit einer Schrotflinte in den Nacken geschossen und getötet.

26. Juni

Die Schriftstellerin *„Die gute Erde"* (1931), *„Die Frauen des Hauses Wu"* (1969) sowie Nobelpreisträgerin (1938) Pearl Sydenstricker Buck wird in Hilsboro, West Virginia geboren.

30. Juni

Aufgrund von Lohnkürzungen von 18 % in den Carnegie-Stahlwerken in Homestead, Pennsylvania, beginnt die *Almagates Association of Iron & Steel Works* einen Streik. Alle nach Homestead führenden Straßen werden blockiert und ein Dampfboot patrouilliert auf dem Ohio River, um sich gegen Maßnahmen seitens der Werksleitung abzusichern.

04. Juli

Robert Edwin Peary (1856-1920) dringt als erster Polarforscher bis zum Independence-Fjord an der Nordwestküste Grönlands vor. 1909 behauptet er, als erster Mensch den Nordpol erreicht zu haben.

Der US-Konteradmiral Henry Maston Mullinnix wird in Spencer, Indiana geboren.

06. Juli

In Homestead kommt es zu einem Feuergefecht zwischen den streikenden Arbeitern und ca. 300 privaten Agenten

Pinkertons, bei dem 12 Menschen getötet und 23 weitere verwundet werden.

10. Juli

Der US-Senator aus Florida (1946-1971) und 28. Gouverneur von Florida (1941-1945) Spessard Lindsey Holland wird in Bartow, Florida geboren.

11. Juli

Der Schauspieler *„Vom Winde verweht"* (1939), *„Stagecoach"* (1939), *„High Noon"* (1952) Thomas John Mitchell wird in Elizabeth, New Jersey geboren.

14. Juli

Die Dalton-Bande überfällt einen Zug an der Bahnstation von Adair, wobei zwei unbeteiligte Bürger vor Skinners Ladengeschäft beim Rückzug der Banditen angeschossen und schwer verwundet werden.

Der US-Senator aus Kalifornien (1875-1881) Newton Booth (*1825) stirbt in Sacramento, Kalifornien.

29. Juli

Der Filmschauspieler William Horatio Powell wird in Pittsburgh, Pennsylvania geboren. Er wird 1934, 1936 und 1947 dreimal für den Oscar als bester Schauspieler nominiert.

09. August

Thomas Alva Edison erhält ein Patent für seinen Zwei-Wege-Telegrafen.

16. August

Der 18. Gouverneur von Alabama (1863-1865) Thomas Hill Watts (*1819) stirbt in Montgomery, Alabama.

20. August

Der US-Senator aus Vermont (1941-1975) George David Aiken wird in Dummerston, Vermont geboren.

23. August

Der US-Senator aus Oregon (1938-1939) Alexander Grant Barry wird in Astoria, Oregon geboren.

September

Durch Streikbrecher und Gerichtsverfahren wird die *Almagated Association of Iron & Steel Works* gezwungen, ihren Streik in Homestead zu beenden und in fast allen Werken wird wieder gearbeitet, während Bundestruppen über drei Monate lang in Homestead bleiben.

07. September

James John „*Gentleman Jim*" Corbett (1866-1933) wird

nach einem K.O.-Sieg in der 21. Runde über John Lawrence Sullivan (1858-1918) neuer Boxweltmeister im Schwergewicht. Es ist Sullivans erste Niederlage überhaupt.

10. September

Der Physiker (Compton-Effekt) und Nobelpreisträger (1927) Arthur Holly Compton wird in Wooster, Ohio geboren.

12. September

Der US-Konteradmiral John Cummings Howell wird in Philadelphia, Pennsylvania geboren.

23. September

Der Generalmajor der Union im amerikanischen Bürgerkrieg John Pope (*1822) stirbt in der Nähe von Sandusky, Ohio.

24. September

Die McCarty-Bande überfällt die Bank in Rosalyn, Oregon und entkommt mit 20.000 Dollar.

05. Oktober

Die Dalton-Bande erlebt ihr blutiges Fiasko in Coffeyville, Kansas, als sie versucht, zwei Banken gleichzeitig auszurauben. Dabei werden William Todd „*Bill*“ Power (*1869), Richard L. „*Dick*“ Broadwell (*1862), Bob und Gratton Dalton sowie vier Bürger der Stadt erschossen und drei weitere verwundet. Emmett Dalton wird von 23 Kugeln getroffen, sollte aber überleben. Er wird zu einer lebenslangen Gefängnisstrafe in Lansing, Kansas verurteilt. Nach 14 Jahren Haft wird er jedoch begnadigt und beginnt, sich für Reformen in US-Gefängnissen einzusetzen. Daneben betätigt er sich als Berater in Wildwestfilmen und spielt dabei selber in einigen Streifen mit. Er stirbt am 13. Juli 1937 in Los Angeles, Kalifornien.

06. Oktober

Die Stummfilmschauspielerin Jackie Saunders wird in Philadelphia geboren.

23. Oktober

Der Komiker und Schauspieler Gummo Marx wird in New York City als zweitjüngster der fünf Marx-Brothers geboren.

01. November

William „*Bill*“ Doolin (1858-1896), neuer Anführer der Dalton-Doolin-Bande, überfällt zusammen mit George „*Bitter Creek*“ Newcomb (1866-1895) und Oliver „*Ol*“ Yantis (1869-1892) die *Ford County Bank* in Spearville, Kansas und erbeutet rund 2.000 Dollar

03. November

Ein Aufgebot unter der Führung von US Deputy Marshal Heck Thomas stellt den Mörder Ned Christie (*1852) bei Wauhillau, Oklahoma-Territorium, wobei Christie erschossen wird.

08. November

Grover Cleveland wird erneut zum Präsidenten der USA (24. Präsident) gewählt; Vizepräsident wird Adlai Ewing Stevenson (1835-1914).

10. November

Der US-Senator aus Wyoming (1953-1959) Frank Aloysius Barrett wird in Omaha, Nebraska geboren.

20. November

Die Arbeiter in Homestead müssen die Arbeit zu den Bedingungen der *Carnegie Steel Company* wieder aufnehmen. Der Ausgang des Streiks hat zur Folge, dass in den kommenden 40 Jahren keine bedeutende Stahlarbeitergewerkschaft in den USA mehr zustandekommt.

29. November

Der US-Senator aus Indiana (1857-1861) Graham Newell Fitch (*1809) stirbt in Logansport, Indiana.

30. November

Ol Yantis wird bei einem Feuergefecht mit einem Aufgebot unter Führung von Marshal Chalkley McArtor *„Chalk"* Beeson (1848-1912) auf der McGinn-Farm, Kansas tödlich verwundet.

02. Dezember

Der Eisenbahnspekulant und „Raubritter" Jason *„Jay"* Gould (*1836) stirbt in New York City.

07. Dezember

Fort Randall in South Dakota wird von der US-Armee aufgegeben.

15. Dezember

Der Industrielle und Gründer der *Getty Oil Company,* Jean Paul Getty, wird in Minneapolis, Minnesota geboren.

Der US-Senator aus Louisiana (1883-1892) Randall Lee Gibson (*1832) stirbt in Hot Springs, Arkansas.

17. Dezember

Die erste Ausgabe der *„Vogue"* wird veröffentlicht.

1893

Der erste Band der *„History of the United States from Compromise 1850 to Restoration of Home Rule in the South"* von James Ford Rhodes (1848-1927) wird veröffentlicht.

Beginn einer schweren Wirtschaftskrise in den USA, die jeden wirtschaftlichen Sektor betrifft und politische Umwälzungen verursacht. Die Krise dauert bis in das Jahr 1897 hinein an und sollte 1896 u. a. auch zur Wahl von William McKinley (1843-1901) zum neuen US-Präsidenten führen.

Im Oklahoma-Territorium wird die Stadt Ponca City gegründet.

Die Lokomotive No. 999 der *New Yorker Central Railroad* stellt mit 195 km/h einen neuen Geschwindigkeitsrekord auf. Im selben Jahr wird das Eisenbahnsicherheitsgesetz eingeführt.

In Chicago beginnt die *Columbian International Exposition,* (Weltausstellung) von 1893.

Der amerikanische Rat für Alkoholprobleme wird gegründet.

02. Januar

Webster Clay Ball (1847-1922) stellt seinen Eisenbahnchronometer vor, der in den USA zum Standard für Eisenbahnuhren wird.

06. Januar

Die Strecke der *Northern Pacific Railroad* wird in den Cascade Mountains fertiggestellt. Von den hohen Direktoren der *„Great Northern"* lässt sich zur Feierstunde jedoch keiner blicken.

11. Januar

Der Generalmajor der Union im amerikanischen Bürgerkrieg und Wortführer bei der versuchten Amtsenthebung von Präsident Andrew Johnson (1808-1875) Benjamin Franklin Butler (*1818) stirbt in Washington D. C.

17. Januar

US-Marines von der *USS Boston* landen in Honolulu, Hawaii, um die Königin Lili´uokalani (1838-1917) daran zu hindern, die bestehende Verfassung aufzuheben. Am 17. Januar wird die Königin samt ihrer Regierung schließlich vom Bürgerkomitee für öffentliche Sicherheit in Hawaii, mit der Intervention des US-Marine-Corps, gestürzt.

17. Januar

Der 19. Präsident der USA (1877-1881) Rutherford Birchard Hayes (*1822) stirbt in Fremont, Ohio.

18. Januar

Der US-Senator aus Iowa (1955-1961) Thomas Ellsworth Martin wird in Melrose, Iowa geboren.

22. Januar

Der New Yorker Gangsterboss und spätere Arbeitgeber von Alphonse Gabriel „*Al*" Capone (1899-1947) Frankie Yale wird als Francesco Loele in Longobucco, Italien geboren.

23. Januar

Der US-Senator aus Kansas (1950-1969) Frank Carlson wird in Cloud County, Kansas geboren.

27. Januar

Der US-Senator aus Maine (1876-1881) sowie 28. und 31. US-Außenminister (1881 bzw. 1889-1892) James Gillespie Blaine (*1830) stirbt in Washington D. C.

01. Februar

Thomas Alva Edison beendet den Bau seines ersten Filmstudios in West Orange, New Jersey.

01. Februar

Der US-Senator aus Delaware (1856-1857) Joseph Parsons Comegys (*1813) stirbt in Dover, Delaware.

12. Februar

Der General und Stabschef der US-Armee (1848-1849) Omar Nelson Bradley wird in Clark, Missouri geboren.

13. Februar

Der US-Kongress verabschiedet das *Harter Act*.

19. Februar

Der US-Senator aus Alabama (1868-1879) George Eliphaz Spencer (*1836) stirbt in Washington D. C.

20. Februar

Der General der Konföderierten im amerikanischen Bürgerkrieg Pierre Gustave Toutant Beauregard (*1818) stirbt in New Orleans, Louisiana.

24. Februar
Die *American University* wird in Washington D. C. gegründet.

01. März

Der US-Kongress verabschiedet das *Appropriation Act,* zur Schaffung des Postens eines Botschafters, sofern das betreffende Land auch einen Botschafter entsendet.

02. März

Der 34. Gouverneur von Ohio (1878-1889) Richard Moore Bishop (*1812) stirbt in Jacksonville, Florida.

04. März

Grover Cleveland tritt seine zweite Amtszeit als Präsident der USA an; Beginn der Legislaturperiode des 53. US-Kongresses.

14. März

Der US-Admiral Arthur Cayley Davis wird in Kolumbien, South Carolina geboren.

18. März

Der US-Senator aus Missouri (1877-1879) David Hartley Armstrong (*1812) stirbt in St. Louis, Missouri.

22. März

Der US-Senator aus Delaware (1871-1889) Eli May Saulsbury (*1817) stirbt in Dover, Delaware.

27. März

Der US-Senator aus Arkansas (1941-1943) George Lloyd Spencer wird in Sarcoxie, Missouri geboren.

28. März

Der Major der Konföderierten im amerikanischen Bürgerkrieg Edmund Kirby Smith (*1824) stirbt in Sewanee, Tennessee.

01. April

Der Rang eines *Chief Petty Officer* wird in der US-Navy eingeführt.

04. April

Der US-Senator aus Kentucky (1852) David Meriwether (*1800) stirbt in Louisville, Kentucky.

06. April

Im *Olympic Club* in New Orleans, Louisiana kommt es zum längsten Boxkampf aller Zeiten. In der „*Meisterschaft des Südens*“ im Leichtgewicht stehen sich John „*Jack*“ Burke (1869?-1942) und Andy Bowen (1867-1894) im Ring gegenüber. Der Kampf geht über eine Distanz von 110 Runden, dauert 7 Stunden und 19 Minuten und ist am 07. April um 04.43 Uhr schließlich beendet, da beide Männer unfähig sind, den Kampf fortzusetzen. Folgerichtig wertet der Ringrichter John Duffy den Kampf als unentschieden.

06. April

Der Mormonen-Tempel in Salt Lake City, Utah-Territorium wird nach 40 Jahren Bauzeit fertiggestellt und eingeweiht.

20. April

Der Komiker und Filmschauspieler Harold Clayton Lloyd wird in Burchard, Nebraska geboren.

29. April

Der Chemiker und Nobelpreisträger (1934) Harold Clayton Urey wird in Walkerton, Indiana geboren.

01. Mai

Die Weltausstellung von 1893 wird in Chicago, Illinois eröffnet.

05. Mai

Ein Kurseinbruch an der New Yorker Börse löst die unter den Namen „*Panik von 1893*“ bekannt gewordene Wirtschaftskrise aus.

10. Mai

In dem Prozess Nix gegen Hedden entscheidet der Oberste Gerichtshof der USA, dass die Tomate gesetzlich als ein Gemüse zu betrachten ist.

07. Juni

Der Bühnenschauspieler und Bruder des Lincoln-Attentäters John Wilkes Booth (1838-1865) Edwin Thomas Booth (*1838) stirbt in New York City.

11. Juni

Die Doolin-Bande, nun bestehend aus Bill Doolin, George *„Bitter Creek"* Newcomb, Daniel *„Dynamite Dick"* Clifton (1865-1896), William *„Bill"* Dalton, George *„Red Buck"* Waightman (1850-1895) und William *„Tulsa Jack"* Blake (1859-1895), überfällt einen Zug der *Southern California & New Mexiko Express No. 3* bei Cimarron, Kansas und erbeutet ca. 1.000 Dollar in Silber. Doolin wird dabei durch eine Winchesterkugel, abgefeuert von Sheriff Frank Healy am Fuß schwer verwundet und in das Städtchen Ingalls gebracht. Ein weiteres Mitglied - Roy Daugherty, alias *„Arkansas Tom"* Jones (1870-1924) schließt sich Doolins Bande an.

12. Juni

Der US-General John Reed Hodge wird in Golconda, Illinois geboren.

19. Juni

Der Generalmajor der Union im amerikanischen Bürgerkriega, William Starke *„Old Rosy“* Rosecrans (*1819)a, stirbt in Redondo Beach, Kalifornien.

20. Juni

Eugene Victor Debs (1855-1926) gründet in Chicago die *American Railway Union.*

21. Juni

Der US-Senator aus Kalifornien (1885-1893) Leland Stanford (*1824) stirbt in Palo Alto, Kalifornien.

01. Juli

US-Präsident Grover Cleveland unterzieht sich heimlich einer Operation, um Krebs in seinem Mund zu entfernen.

02. Juli

Die Komikerin und Theaterschauspielerin Georgie Drew Barrymore (*1856) stirbt in Santa Barbara, Kalifornien.

06. Juli

Das Städtchen Pomeroy, Iowa wird von einem Tornado zerstört, wobei 71 Menschen getötet und ca. 200 weitere verletzt werden.

11. Juli

Der US-Pilot und Flugzeughersteller Edward Anderson Stinson, Jr., wird in Fort Payne, Alabama geboren.

12. Juli

Der Historiker Frederick Jackson Turner (1861-1932) stellt vor der *American Historical Association* in Chicago sein Essay „*The Significance in American History*" vor.

18. Juli

Der Filmschauspieler Richard Dix („*Cimarron*" (1931) wird in St. Paul, Minnesota geboren.

17. August

Die Sängerin, Filmschauspielerin und Drehbuchautorin „*Ich bin kein Engel*" (1933) Mary Jane „*Mae*" West wird in New York City geboren.

27. August

Der Sea-Island-Hurrikan trifft Savannah, Charleston und die Sea Islands, wobei zwischen 1.000 und 2.000 Menschen getötet werden.

29. August

Der Erfinder Whitcomb Judson (1846-1909) lässt sich

den ersten praxistauglichen Reißverschluss für Schuhe patentieren und führt ihn dem Publikum auf der Weltausstellung in Chicago vor.

30. August

Der US-Senator aus Louisiana (1932-1935) und 40. Gouverneur von Louisiana (1928-1932) Huey Pierce Long, Jr. wird in Winnfield, Louisiana geboren.

01. September

In der „Schlacht von Ingalls“, Oklahoma-Territorium kommt es zu einem Gefecht zwischen der Dalton-Doolin-Bande sowie einer Gruppe von 14 Gesetzeshütern unter dem Kommando von US Deputy Marshal John Hixon, bei der drei der Deputys getötet werden. Zwei der Banditen werden verwundet, bevor die Bande aus der Stadt fliehen kann. Außerdem werden zwei unbeteiligte Zivilisten getötet und einer verwundet.

06. September

Die McCarty-Bande überfällt die Bank in Delta, Colorado und erbeutet rund 700 Dollar. Bei der Schießerei werden William *„Bill“* und Fred McCarty von einem Scharfschützen namens Simpson erschossen. Der Rest der Bande formiert sich unter der Führung von Robert LeRoy Parker, alias Butch Cassidy (1866-1908) und dessen besten Freund William Ellsworth *„Elzy“* Lay (1869-1934) neu zur Wild Bunch.

06. September

Der Pilot, General und Anführer der *„Flying Tigers"* Claire Lee Chennault wird in Commerce, Texas geboren.

Der US-Senator aus Ohio (1947-1959) John William Bricker wird in Mount Sterling, Ohio geboren.

21. September

Die Brüder Charles Edgar (1861-1938) und Frank (1869-1967) Dureya testen das erste benzinbetriebene Automobil Amerikas in einem Teil von Springfield, Massachusetts.

29. September

Der US-Senator aus Kentucky (1872-1873) Willis Benson Machen (*1810) stirbt in Hopkinsville, Kentucky.

26. Oktober

Der US-Vier-Sterne-General Oliver Prince Smith wird in Menard, Texas geboren.

30. Oktober

Präsident Cleveland setzt gegen den Widerstand des US-Senats die Aufhebung des *Sherman Silver Purchase Acts* durch und ermächtigt das Schatzamt, zu Stützkäufen für die Silberwährung. Cleveland bringt mit dieser Maßnahme seine eigene Partei, die Demokraten des Südens und des Westens, gegen sich auf. Die westlichen Farmer machen ihn zudem für die sinkenden Agrarpreise verantwortlich.

07. November

In Colorado erhalten Frauen das Wahlrecht.

08. November

Der Historiker Francis Parkman (*1823) stirbt in Jamaica Plain, Massachusetts.

11. November

Der US-Senator aus New Hampshire (1879) und 38. Gouverneur von New Hampshire (1881-1883) Charles Henry Bell (*1823) stirbt in Exeter, New Hampshire.

12. November

Der US-Generalmajor Leonard Fish Wing, Sr. wird in Ira, Vermont geboren.

13. November

Der Biochemiker und Nobelpreisträger für Medizin oder Physiologie (1943) Edward Adelbert Doisy wird in Hume, Illinois geboren.

12. Dezember

Der Filmschauspieler Edward G. Robinson („*Cheyenne*" (1963), „*Cincinnati Kid*" (1965) wird als Emanuel Goldenberg in Bukarest, Rumänien geboren.

16. Dezember

Die 9. Symphonie „*Aus der neuen Welt*" von Antonin Leopold Dvorák (1841-1904) wird in der New Yorker *Carnegie Hall* uraufgeführt.

1894

In seinem Buch „*Wealth Against Commonwealth*", das im New Yorker Verlag „*Harper & Brothers*" erscheint, verurteilt Henry Demarest Lloyd (1847-1903) die Trusts und tritt dafür ein, dass Monopole vom Staat mehr überwacht werden müssen.

Die Winchester „*Modell 1894*" im Kaliber .30-30 kommt auf dem Markt. Dank der ersten zivilen rauchfreien Patrone mit einem sehr geringen Gasdruck von max. 2800 bar, wird die populäre Waffe 857.613 mal verkauft.

Der US-Kongress verbietet das Töten von Bisons, schafft jedoch nur zwei kleine Schutzgebiete, die ganze 65 Tiere aufnehmen können.

In London findet ein erster Wettbewerb in der Leichtathletik der amerikanischen Universität Yale und der englischen Universität Oxford statt. Oxford trägt dabei den Sieg davon.

Bei der Wahl zum 54. US-Kongress erhält die Republikanische Partei die Mehrheit in beiden Häusern.

Die *Hershey Chocolate Company* wird in Lancaster, Pennsylvania gegründet.

02. Januar

Der Dichter und Romanschriftsteller Robert Nathan wird in New York City geboren.

07. Januar

William Kennedy Laurie Dickson (1860-1935) erhält in den USA ein Patent auf den Kinofilm.

15. Januar

Der US-Senator aus Minnesota (1858-1863) Henry Mower Rice (*1816) stirbt in San Antonio, Texas.

23. Januar

Die Doolin-Bande überfällt die *Farmers & Citizens Bank* in Pawnee, Oklahoma-Territorium.

31. Januar

Der Komponist und Bandleader Isham Edgar Jones wird in Coalton, Ohio geboren.

01. Februar

Der Filmregisseur John Ford („*Stagecoach*“ (1939), „*Der Mann, der Liberty Valance erschoss*“ (1962) wird in Cape Elizabeth, Maine geboren.

04. Februar

Der US-Senator aus Minnesota (1859-1865) Morton Smith Wilkinson (*1819) stirbt in Mankato, Minnesota.

17. Februar

Der Gunfighter John Wesley Hardin (1853-1895) wird vorzeitig aus der Haft aus dem Staatsgefängnis von Huntsville, Texas entlassen, wo er ein komplettes Theologie- und Jurastudium absolviert hat.

25. Februar

Der US-Senator aus Missouri (1945-1947) Frank Parks

Briggs, wird in Armstrong, Missouri geboren.

26. Februar

Der US-Generalmajor Ernest Nason Harmon wird in Lowell, Massachusetts geboren.

28. Februar

Der US-Senator aus Iowa (1881-1883) James Wilson McDill (*1834) stirbt in Creston, Iowa.

02. März

Der Generalmajor der Konföderierten im amerikanischen Bürgerkrieg Jubal Anderson Early (*1816) stirbt in Lynchburg, Virginia.

12. März

Coca-Cola wird erstmalig in Flaschen abgefüllt und auf dem Markt gebracht.

15. März

Emanuel Lasker (1868-1941) besiegt Wilhelm Steinitz nach 19 Partien (bis 26. Mai) mit 11,0 zu 7,0 Punkten und wird damit der zweite offizielle Schachweltmeister. Den Revanchekampf am 07. November 1896 (bis zum 14. Januar 1897) gewinnt Lasker ebenfalls und er verteidigt seinen Titel erfolgreich bis zum Jahre 1921.

25. März

Durch die hohe Arbeitslosigkeit formieren sich Gruppen von Arbeitslosen zu sogenannten „Armeen", deren Anführer sich „Generäle" nennen. Der bekannteste von ihnen wird Jacob Sechler Coxey (1854-1951), dessen erster bedeutender Protestmarsch der USA sich von Massillon, Ohio aus Richtung Washington D. C. in Bewegung setzt.

28. März

Der Autor, Anwalt und Historiker George Ticknor Curtis (*1812) stirbt in New York City.

31. März

Der US-Senator aus Connecticut (1935-1945) Francis Thomas Maloney wird in Meriden, Connecticut geboren.

03. April

Der afroamerikanische Sänger und Pianist Arthur *„Dooley"* Wilson wird in Tyler, Texas geboren.

14. April

Im *Holland Brothers Kinetoskope* am New Yorker Broadway werden erstmalig wahlweise fünf Kurzfilme für 25 Cent oder zehn Filme für 50 Cent vorgeführt. Der Kinematograph wurde von William Kennedy Laurie Dickson unter Mithilfe von Thomas A. Edison entwickelt.

14. April

Der Offizier, Schriftsteller sowie 37. und 43. Gouverneur von North Carolina (1862-1865 bzw. 1877-1879) Zebulon Baird Vance (*1830) stirbt in Washington D. C.

15. April

Der US-Senator aus Kansas (1874-1877) James Madison Harvey (*1833) stirbt in Riley County, Kansas.

Die Blues-Sängerin Bessie Smith wird in Chattanooga, Tennessee geboren.

30. April

Der US-Senator aus Michigan (1887-1894) Francis Brown Stockbridge (*1826) stirbt in Chicago, Illinois.

01. Mai

Jacob S. Coxey und zwei seiner Mitstreiter werden auf den Stufen des Kapitols in Washington wegen Überschreitens der Bannmeile verhaftet. In Cleveland Ohio kommt es aufgrund der Arbeitslosigkeit zu einer Reihe von gewalttätigen Unruhen.

11. Mai

Die *Pullman Palace Car Company* in Chicago kürzt aufgrund der schlechten wirtschaftlichen Lage die Gehälter.

Die *American Railway Union* schließt sich diesem Schritt an. Als die Direktoren drei Beschwerdeführer der Arbeiter entlässt, beschließen die Eisenbahner den Streik für den nächsten Tag.

31. Mai

Der Komiker *„The Fred Allen Show"* (1932-1949) Fred Allen wird als John Florence Sullivan in Cambridge, Massachusetts geboren.

05. Juni

Der US-Senator aus Maryland (1953-1965) James Glenn Beall wird in Frostburg, Maryland geboren.

08. Juni

Das letzte aktive Mitglied der ehemaligen Dalton-Bande, William *„Bill"* Dalton wird von einer Posse bei Pooleville, Oklahoma-Territorium aufgespürt und bei einem nachfolgenden Schusswechsel sehr wahrscheinlich von dem US-Deputy Marshal Celeb Lawson *„Loss"* Hart (1862-1934) mittels einer Winchester erschossen.

17. Juni

Der Landschaftsmaler William Hart (*1823) stirbt in Mount Vernon, New York.

20. Juni

Der US-Senator aus Kansas (1892-1893) Bischof Walden Perkins (*1841) stirbt in Washington D. C.

23. Juni

Der Biologe, Entomologe und Sexologe Alfred Charles Kinsey (Kinsey-Report) wird in Hoboken, New Jersey geboren.

24. Juni

Der Porträtmaler George Peter Alexander Healy (*1813) stirbt in Chicago, Illinois.

26. Juni

Der Streik der Eisenbahner weitet sich aus und 80.000 km Eisenbahnlinie vor allem im mittleren Westen wird zum Erliegen gebracht. Wenig später dehnt er sich auf 27 Staaten der USA aus, wobei rund 260.000 Eisenbahner ihre Arbeit niederlegen. Der Pullman-Streik wird von den Gerichten als eine „konspirative Aktion zur Beeinträchtigung des zwischenstaatlichen Verkehrs“ im Sinne des *Sherman-Anti-Trust-Acts* erklärt und Justizminister Richard Olney (1835-1917) ordnet am 02. Juli die Einstellung des Streiks an. Zudem empfiehlt er den Einsatz von Bundestruppen, um die Unruhen niederzuschlagen, da die Regierung Auswirkungen auf den zwischenstaatlichen Post- und Eisenbahnverkehr befürchtet.

28. Juni

Der US-Admiral Arthur Dewey Struble wird in Portland, Oregon geboren.

03. Juli

Präsident Cleveland entsendet Bundestruppen nach Chicago, um den Streik notfalls mit Gewalt niederzuschlagen.

04. Juli

Der Rechtsanwalt und Jurist Sanford Ballard Dole (1844-1926) verkündet die kurzlebige Republik Hawaii.

05. Juli

Die Streikenden in Chicago gehen zu Gewalttaten über. Der Bahnhof von Chicago, ca. 700 Eisenbahnwaggons und die restlichen Gebäude der Weltausstellung (06. Juli) werden dabei zerstört.

09. Juli

Der Dichter Howard Phelps Putnam wird in Allston, Massachusetts geboren.

16. Juli

Der US-Kongress verabschiedet das *Utah Enabling Act,*

der es den Menschen in dem Territorium ermöglicht, eine Regierung und Staatsverfassung zu bilden, um gleichberechtigt in die Union aufgenommen zu werden.

17. Juli

Der Gewerkschaftsführer Eugene V. Debs wird wegen „krimineller Verschwörung und Missachtung der Gerichte“ angeklagt und am 14. Dezember zu sechs Monaten Haft verurteilt. Derweil ziehen sich die Bundestruppen am 20. Juli wieder aus Chicago zurück.

03. August

Die *American Railway Union* erklärt den Streik offiziell für beendet. Die Streikenden können keines ihrer Ziele erreichen.

07. August

Die USA erkennen die Republik von Hawaii an.

16. August

Der Gewerkschaftsführer William George Meany wird in New York City geboren.

27. August

Der US-Kongress verabschiedet das *Wilson Gorman Tariff Act.*

29. August

Der US-Senator aus Idaho (1946-1949 und 1949-1962) Henry Clarence Dworshak, Jr. wird in Duluth, Minnesota geboren.

01. September

Ein großer Waldbrand in Hinckley, Minnesota tötet über 450 Menschen.

04. September

In New York streiken rund 12.000 Schneider gegen ihre schlechten Arbeitsbedingungen.

07. September

James J. Corbett verteidigt in West Orange, New Jersey seinen Titel im Boxschwergewicht gegen seinen Herausforderer Peter Courtney (1867-1896). Der Kampf wird zudem mit dem Kinetografen gefilmt und am 17. November veröffentlicht.

Der Regisseur, Produzent und Schauspieler George Waggner wird in New York City geboren.

12. September

Der Komiker William *„Billy“* Gilbert wird als William Gilbert Barron in Louisville, Kentucky geboren.

02. Oktober

Der US-Vizeadmiral Thomas Lamison Spraque wird in Lima, Ohio geboren.

07. Oktober

Der Arzt und Schriftsteller Oliver Wendell Holmes (*1809) stirbt in Boston, Massachusetts.

09. Oktober

Der US-Senator aus Arizona (1941-1953) Ernest William McFarland wird in Earlsboro, Oklahoma-Territorium geboren.

14. Oktober

Der Autor, Maler und Dramatiker Edward Estlin Cummings wird in Cambridge, Massachusetts geboren.

17. Oktober

Fort Bowie, Arizona-Territorium wird von der US-Armee aufgegeben.

18. Oktober

Der Romanautor Harold Lenoir Davis wird in Douglas County, Oregon geboren.

09. November

Die Filmschauspielerin Mae Marsh wird als Mary Wayne Marsh in Madrid, New Mexiko-Territorium geboren.

23. November

Der US-Senator aus Kansas (1949-1962) Andrew Frank Schöppel wir in Barton County, Kansas geboren.

26. November

Der Philosoph und Mathematiker Norbert Wiener wird in Columbia, Missouri geboren.

30. November

Der US-Senator aus Georgia (1880-1891) Joseph Emerson Brown (*1821) stirbt in Atlanta, Georgia.

05. Dezember

Der Hunkpapa-Häuptling Gall *(Pizi)* (*um 1840) stirbt in seinem Haus in Oak Creek, Standing Rock-Reservation, South Dakota.

08. Dezember

Der Autor und Karikaturist James Grover Thurber wird in Columbus, Ohio geboren.

08. Dezember

Der Karikaturist und Schöpfer der Zeichentrickfigur „Popeye“ Elzie Crisler Segar wird in Chester, Illinois geboren.

15. Dezember

Der US-Admiral Felix Budwell Stump wird in Pakersburg, West Virginia geboren.

19. Dezember

Der US-Senator aus Mississippi (1871-1877) James Lusk Alcorn (*1816) stirbt in Friars Point, Mississippi.

29. Dezember

Der US-Senator aus Alabama (1938-1969) Joseph Lister Hill wird in Montgomery, Alabama geboren.

1895

In Cincinnati, Ohio wird die Gewerkschaft *National Association of Manufactures* (NAM) gegründet.

In New York City wird die *Public Library* gegründet.

Die erste elektrische Lokomotive der USA wird in Baltimore, Maryland in Dienst gestellt.

Die Goldreserven des US-Schatzamtes werden gerettet, als der Bankier John Pierpont Morgan (1837-1913) und die Familie Rothschild der US-Regierung Gold im Wert von 65 Millionen US-Dollar leihen.

01. Januar

Der Detektiv und erster Direktor der US-Bundespolizei FBI (1924-1972) John Edgar Hoover wird in Washington D. C. geboren.

04. Januar

Der Testpilot und Luftfahrtingenieur Leroy Randle *„Roy“* Grumman wird in Huntington, New York geboren.

09. Januar

Der US-General Lucien King Truscott, Jr. wird in Chatfield, Texas geboren.

23. Januar

Der Stummfilmkomiker Raymond Griffith wird in Boston, Massachusetts geboren.

18. Februar

Der US-Kongress verabschiedet das *Maguire Act*.

20. Februar

US-Präsident Cleveland unterzeichnet eine Gesetzesvorlage, die empfiehlt, dass Großbritannien und Venezuela ihren Streit durch ein Schiedsgericht beilegen sollen.

Der ehemalige Sklave, Abolitionist und Prediger Frederick Douglas (*1818) stirbt in Washington D. C.

25. Februar

Mit dem „Kriegsruf von Baire“ beginnt der (dritte) und letzte Unabhängigkeitskrieg der Befreiungsarmee von Kuba unter Máximo Gómez Báez (1836-1905), Antonio Maceo (1845-1896) und Calixto Garcia Iñiguez (1839-1898) gegen das Königreich Spanien, bei dem auch die USA nicht interessenlos zusehen. Durch die Unfähigkeit der Spanier, den Konflikt zu lösen, gepaart mit den brutalen Repressionen gegen die kubanische Zivilbevölkerung und auch aus eigenen wirtschaftlichen und strategischen Gesichtspunkten heraus, kommt es 1898 schließlich zum Krieg der USA mit den Spaniern und infolgedessen zu deren Verlust von Kuba.

03. März

Der Generalstabschef der USA und Kommandant der Nato Matthew Bunker Ridgway wird in Fort Monroe, Virginia geboren.

04. März

Beginn der Legislaturperiode des 43. US.-Kongresses.

12. März

Der US-Generalmajor William Carey „*Bill*“ Lee wird in Dunn, North Carolina geboren.

03. April

Die Doolin-Bande überfällt einen Zug des *Rock Island Express Trains No. 1* bei Dover, Oklahoma-Territorium und erbeutet 483 Dollar an Bargeld sowie ca. 1.000 Dollar an Uhren, Manschettenknöpfen u. a. Schmuck, die sie den Fahrgästen abnehmen.

04. April

William „*Tulsa Jack*“ Blake wird von US Deputy Marshals in seinem Versteck aufgespürt und während einer heftigen 45-minütigen lang andauernden Schießerei getötet. Sein Tod markiert den Anfang vom Ende der Doolin-Bande.

22. April

Der US-Senator aus Iowa (1883-1895) James Falconer Wilson (*1828) stirbt in Fairfield, Iowa.

24. April

Der Seemann und Reiseschriftsteller Joshua A. Slocum (1844-1909) bricht mit der umgebauten Schaluppe *Spray* von Boston aus in See, um die Welt als erster Einhandsegler zu umrunden. Am 27. Juni 1898 trifft er wohlbehalten in Newport, Rhode Island wieder ein.

02. Mai

Charley Pierce und George *„Bittercreek"* Newcomb werden auf der Ranch der Brüder John und Bell Dunn bei Pawnee, Oklahoma-Territorium von diesen aus dem Hinterhalt erschossen, um die ausgelobte Belohnung zu kassieren. Damit verliert die Doolin-Bande zwei weitere ihrer Mitglieder.

15. Mai

Der US-Senator aus Connecticut (1952-1963) Prescott Shelden Bush, Sr. wird in Columbus, Ohio geboren.

25. Mai

Die Dokumentarfotografin und Fotojournalistin Dorothea Lange wird in Hoboken, New Jersey geboren.

27. Mai

Im Rechtsstreit Debs gegen die Regierung entscheidet der Oberste Gerichtshof der USA, dass die Regierung das Recht hatte, den zwischenstaatlichen Handel zu regulieren und die Niederdrückung des Pullman-Streiks zu legalisieren.

28. Mai

Der US-Senator aus Indiana (1944) Samuel Dillon Jackson wird in Zanesville, Indiana geboren.

24. Juni

Der Boxweltmeister im Schwergewicht (Universal 1919-1926, NBA1921-1926 bzw. NYSAC 1922-1926) William Harrison *„Jack"* Dempsey wird in New York City geboren.

04. Juli

Die Texte von *„America the Beautiful"* von Katharine Lee Bates (1859-1929) werden erstmals veröffentlicht.

06. Juli

Mit dem *Van Cortland Golf Course* wird der älteste öffentliche Golfplatz des Landes in der New Yorker Bronx eröffnet.

13. Juli

Der Folk-Sänger William Bradley Kincaid wird in Point Level, Kentucky geboren.

21. Juli

Der US-Drehbuchautor, Produzent und Filmregisseur Henry Lynn wird in Byalistok, Polen geboren.

28. Juli

Der Theologe und Bruder von Harriet Beecher Stowe (1811-1896) und Henry Ward Beecher (1813-1887), Edward Beecher (*1803) stirbt in New York City.

12. August

Der US-Admiral Lande Depuy McCormick wird in Annapolis, Maryland geboren.

19. August

Der Gunfighter John Wesley Hardin (*1853) wird während eines Würfelspiels mit dem Barkeeper Henry Brown im Acme Saloon von El Paso, Texas von dem Polizisten John Henry Selman, Sr. (1839-1896) von hinten tödlich in den Kopf geschossen. Er wird am folgenden Tag auf dem Friedhof Concordia in El Paso beerdigt.

31. August

Der Kommissar für indianische Angelegenheiten und Seneca-Indianer Ely Samuel Parker (*Donehogawa* *1828) stirbt in Fairfield, Connecticut.

03. September

In Latrobe, Pennsylvania wird das erste Profispiel im American Football ausgetragen.

06. September

William *„Little Bill“* Raidler (*um 1870) wird von dem US Marshal Chris Madsen und seinen Deputys auf der Moore-Ranch im Osage County, Oklahoma-Territorium gestellt und während einer Schießerei schwer verwundet. Er wird später wegen Beteiligung an dem Zugüberfall in Dover zu zehn Jahren Zuchthaus verurteilt.

04. Oktober

Der Komiker, Stummfilmschauspieler und Regisseur Joseph Frank *„Buster“* Keaton wird in Piqua, Kansas geboren.

23. Oktober

Der US-Senator aus New Mexiko (1949-1973) Clinton Presba Anderson wird in Centreville, South Dakota geboren.

30. Oktober

Der Arzt und Nobelpreisträger für Medizin oder Physiologie (1956) Dickinson Woodraff Richards, Jr. wird in Orange, New Jersey geboren.

01. November

260 Arbeiter und 52 Zimmerleute beginnen den Eispalast von Leadville, Colorado zu bauen. Die Eisblöcke werden aus einem nahegelegenen See geschlagen und später von kanadischen Holzfällern mit Äxten zu großen Quadern zurechtgeschlagen.

04. November

Der Kinderbuchautor Eugene Field, Sr. (*1850) stirbt in Chicago, Illinois.

05. November

George Baldwin Selden (1846-1922) erhält das erste US-Patent für ein Automobil.

10. November

Der Flugzeughersteller John Knudsen „*Jack*" Northrop wird in Newark, New Jersey geboren.

25. November

Der Komponist und Geschäftsmann Oscar Hammerstein (1846-1919) eröffnet mit dem Olympia-Theater das erste Schauspielhaus am New Yorker Times Square.

28. November

Der *„Chicago Times Herald"* sponsert das erste Autorennen in den USA. Die Berichterstattung in der Presse weckt auch das Interesse der USA an dem Automobil.

17. Dezember

In seiner Jahresbotschaft fordert Präsident Cleveland die Einsetzung eines Ausschusses, der die Venezuela-Frage untersuchen und klären soll. Cleveland erklärt es für die Pflicht der USA, sich mit allen verfügbaren Mitteln einer etwaigen Aneignung amerikanischen Landes durch Großbritannien zu widersetzen: *„Krieg sei besser, als eine hilflose Unterwerfung unter Unrecht und Ungerechtigkeit und als der sich daraus ergebende Verlust nationaler Selbstachtung und Ehre"*, meint Cleveland und der Kongress stimmt dem Präsidenten zum ersten Mal einmütig zu, während Wall Street in New York einer Panik nahe ist.

Wovoka
(1856-1932)

Myrabelle Shirley
(1848-1889)

US-Präsident Benjamin Harrison
(1833-1901)

Charlie Chaplin
(1889-1977)

Am 22. April 1889 wird das Indianer-Territorium für weiße Siedler geöffnet.

William Selby Harney
(1800-1899)

John Lawrence Sullivan
(1859-1937)

Buffalo Bill Cody zusammen mit einigen indianischen Darstellern in Venedig.

Der Filmkomiker Stan Laurel
(1890-1965)

Mammutbaum im Sequoia-Nationalpark in Kalifornien

Die Blockhütte auf Standing Rock, wo Sioux-Häuptling Sitting Bull (1831-890) bei dem Versuch, ihn zu verhaften, erschossen wird.

Das Schlachtfeld von Wounded Knee, 1890

Der Filmkomiker Oliver N. Hardy
(1892-1957)

Mary Pickford
(1892-1979)

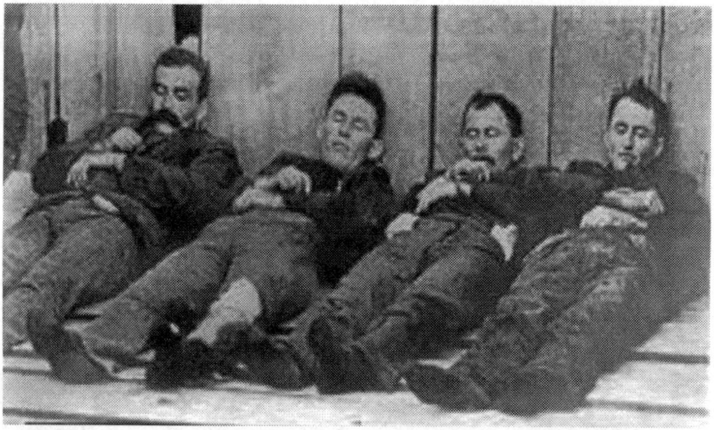

Das Ende der Dalton-Bande am 05. Oktober 1892 in Coffeyville, Kansas.
V.l.n.r.: Bill Power, Bob Dalton, Gratton Dalton und Dick Broadwell.

Das Gelände der Weltausstellung 1893 in Chicago, Illinois.

Bill Doolin (1858-1896)

Bill Tilghman (1854-1924)

Brennende Eisenbahnwaggons in Chicago beim Pullman-Streik von 1894

Boxweltmeister Jack Dempsey
(1895-1983)

1896

Die *New York Telephone Company* wird gegründet.

Henry Ford (1863-1947) stellt in Detroit, Michigan sein erstes *„Horseless Carriage“* fertig. Ein Zweizylindermotor, der über der Hinterachse liegt, leistet dabei ganze vier PS.

Die Firma *Smith & Wesson* liefert den ersten Revolver mit seitlich ausschwenkbarer Trommel aus.

Bei der Wahl zum 55. US-Kongress erhalten die Republikaner die Mehrheit in beiden Häusern.

01. Januar

Der Eispalast von Leadville ist fertiggestellt. Er gleicht einer Normannenburg mit 980 Meter langen und 1,5 Meter dicken Mauern, sowie zwei dem Haupteingang flankierenden 27 Meter hohen und 12 Meter dicken rechteckigen und verzinnten Türmen. Der Eispalast hält sich über Monate, ohne Schäden zu zeigen. Die Südseite wird jedoch wegen der Sonneneinstrahlung mit einer 10.500 m^2 großen Leinwand abgedeckt. Das Bauwerk ist einmalig in den USA.

04. Januar

Utah wird als 45. Staat in die Union aufgenommen; Hauptstadt wird Salt Lake City.

08. Januar

Der US-Vizeadmiral Clifton Albert Frederick Spraque wird in Dorchester, Massachusetts geboren.

11. Januar

Der US-Senator aus Iowa (1871-1877) George Grover Wright (*1820) stirbt in Des Moines, Iowa.

15. Januar

Bill Doolin wird von US-Marshal William „*Bill*" Tilghman in Eureka Springs, Arkansas verhaftet und per Eisenbahn zurück nach Oklahoma gebracht.

25. Januar

Der britische Kolonialsekretär Joseph Chamberlain macht sich in einer Rede zum Wortführer der allgemein verbreiteten Stimmung, dass ein Konflikt zwischen den USA und Großbritannien im Bezug auf dem Venezuela-Grenzstreit ein Unglück sein würde.

04. Februar

Der internationale Verband der Eisen- und Stahlarbeiter wird in Pittsburgh, Pennsylvania gegründet.

25. Februar

Der US-Konteradmiral Joseph Pierce Fyffe (*1832) stirbt in Champaign County, Ohio.

28. Februar

Der Arzt und Empfänger des Nobelpreises für Medizin oder Physiologie 1950 für die Entdeckung des Hormons Cortison Philip Showalter Hench wird in Pittsburgh, Pennsylvania geboren.

05. März

US-Marshal Chris Madsen erschießt den Outlaw George *„Red Buck“* Weightman (?-1896) bei Cheyenne im Oklahoma-Territorium, nachdem der sich seiner Verhaftung gewaltsam widersetzt. Bill Doolin sowie Dynamite Dick Clifton warten derzeit im Gefängnis von Guthrie auf ihre Gerichtsverhandlung.

13. März

Der Pilot sowie Fliegerass im Ersten Weltkrieg Field Eugene Kindley wird in Prairie Grove, Arkansas geboren.

17. März

Der Outlaw Crawford „*Cherokee Bill*“ Goldsby (*1876) wird wegen mehrfachen Mordes in Fort Smith, Arkansas gehängt.

23. März

Mit dem „Gesetz von Raines“ wird der Verkauf von alkoholischen Getränken am Sonntag im Staat New York auf Hotels beschränkt.

06. April

Der US-Kongress legt eine Resolution über die Gewährung des kriegsführenden Status für Kuba sowie eine Friedensvermittlung der USA vor, was von Spanien jedoch abgelehnt wird.

Die ersten modernen olympischen Sommerspiele von Athen, Griechenland werden eröffnet. Während der Spiele holen die USA, die mit 14 Athleten vertreten sind, als erfolgreichste Nation, 12 Medaillen.

13. April

Der US-Luftwaffengeneral Ira Clarence Eaker wird in Field Creek, Texas geboren.

19. April

Der US-Senator aus West Virginia (1869-1875) Arthur Inghram Boreman (*1823) stirbt in Pakersburg, West Virginia.

26. April

Der US-Senator aus Minnesota (1947-1959) und 26. Gouverneur von Minnesota (1943-1947) Edward John Thye wird in Frederick, South Dakota geboren.

18. Mai

In dem Prozess Plessy gegen Ferguson bestätigt der Oberste Gerichtshof der USA die gängige Rassentrennung.

21. Mai

Der US-Kongress verabschiedet das *Oil Pipe Line Act*.

22. Mai

Der US-Kongress verabschiedet das *Condemned Cannon Act*.

26. Mai

Der *Dow-Jones-Index* wird zum ausschließlichen Index für Aktien von Industrieunternehmen umgewandelt.

27. Mai

Der dritt tödlichste Tornado in der US-Geschichte zerstört einen Teil von St. Louis, Missouri, tötet über 250 Menschen und richtet einen Gesamtschaden von über zehn Millionen Dollar an.

28. Mai

Der US-Kongress verabschiedet das *United States Commissioners Act.*

30. Mai

Der Westernregisseur Howard Winchester Hawks („*Rio Bravo*“ (1953), „*Hatari*“ (1962), „*El Dorado*“ (1966) wird in Goshen, Indiana geboren.

01. Juni

Der US-Kongress verabschiedet das *Married Woman's Rights Act*.

02. Juni

Der US-Senator aus Minnesota (1871) Ozora Pierson Stearns (*1831) stirbt in Pacific Beach, Kalifornien.

04. Juni

Der Präsident der *Long Island Railroad* Austin Corbin

(*1827) stirbt in Newport, New Hampshire.

06. Juni

Der US-Kongress verabschiedet das *Filled Cheese Act*.

12. Juni

Präsident Cleveland ersucht seine Landsleute, den Rebellen auf Kuba keinerlei Hilfe zu gewähren. Indes wird die Stimmung gegen Spanien vor allem durch das *„New York Morning Journal"* und der *„New York World"* angeheizt.

13. Juni

Der US-Senator aus Michigan (1847-1853) und 5. Gouverneur von Michigan (1846-1847) Alpheus Felch (*1804) stirbt in Ann Arbor, Michigan.

24. Juni

Der Boxweltmeisterschaftskampf zwischen James J Corbett und seinem Herausforderer Thomas *„Sailor Tom"* Sharkey (1851-1953) endet nach vier Runden wegen polizeilicher Einmischung unentschieden und Corbett bleibt alter und neuer Weltmeister.

28. Juni

Eine Staubexplosion in der Twin-Shaft-Kohlemine in Pittstone City, Pennsylvania tötet 58 Bergarbeiter.

01. Juli

Die fünfköpfige Rufus-Buck-Bande wird wegen Mordes, Raub und mehrfacher Vergewaltigung in Fort Smith, Arkansas gehängt.

Die Abolitionistin und Autorin von *„Onkel Toms Hütte"* Harriet Elizabeth Beecher Stowe (*1811) stirbt in Hartford, Connecticut.

05. Juli

Bill Doolin und Dynamite Dick Clifton gelingt die Flucht aus dem Gefängnis von Guthrie, Oklahoma-Territorium.

09. Juli

Der Erfinder des Mikrowellenherdes Percy Spencer wird in Howland, Maine geboren.

22. Juli

Der US-Senator aus Iowa (1848-1859) George Wallace Jones (*1804) stirbt in Dubuque, Iowa.

30. Juli

Beim *Atlantic City Rail Crash* westlich von Atlantic City, New Jersey prallen zwei Züge aufeinander, wobei fünf Reisewaggons völlig zerstört werden. 50 Passagiere werden getötet und ca. 60 weitere schwer verletzt.

31. Juli

Die Ketchum-Bande raubt die Lohngelder der *Resolut Mining Company* in Ash Fork, Arizona-Territorium. Einen Tag später raubt die Bande die Lohngelder der *Hulaupi Mining Company* in Kingman in Höhe von 1.400 Dollar, wobei der Buchhalter Jake A. Bishop erschossen wird.

August

Eine große Hitzewelle im Osten der USA tötet rund 1.500 Menschen zwischen Chicago, Illinois und Boston, Massachusetts.

06. August

Der „*Tucson Citizen*“ meldet einen Überfall der Ketchum-Bande auf die *International Bank* in Nogales, Arizona-Territorium, der jedoch scheitert, als sich die Bankangestellten und einige beherzte Bürger gegen die Bande zur Wehr setzen.

09. August

Der US-Senator aus Minnesota (1881) Alonso Jay Edgerton (*1827) stirbt in Sioux Falls, South Dakota.

16. August

Die Jennings-Bande überfällt einen Zug der Santa Fe

Railroad bei Tecumseh und entkommt mit 4,25 Dollar und der Taschenuhr des Schaffners.

17. August

George Washington Carmack (1860-1922) und seine beiden Schwager finden am Rabbit Creek, einem Nebenfluss des Klondike, Gold und lösen damit am Ende den großen Goldrausch von Alaska aus. Die Außenwelt erfährt jedoch erst ein Jahr später von den Goldfunden. Erst als die Flüsse nach dem langen Winter wieder eisfrei und befahrbar sind, dringt die Nachricht von den Goldfunden zur Westküste der USA und von dort aus in die ganze Welt vor.

Die Essayistin Mary Abigail Dodge (*1833) stirbt in Hamilton, Massachusetts, ihrem Geburtsort.

23. August

US-Marshal Heck Thomas erschießt Bill Doolin auf der Farm seiner Frau in Lawson, als die beiden gerade ihre Flucht nach Mexiko vorbereiten.

01. September

Das Bundesgericht in Fort Smith, Arkansas wird geschlossen und Richter Isaac Charles Parker (1838-1896) von Washington aus pensioniert. Während seiner Amtszeit verurteilte Parker 160 Menschen zum Tode durch den Galgen, 79 von ihnen wurden schließlich gehängt.

15. September

40.000 Zuschauer säumen die Gleise entlang der *Kansas, Texas & Missouri Railroad* zwischen Waco und Hilsboro, Texas, um sich ein, von dem Leiter des Fahrkartenverkaufs George Crush inszeniertes Spektakel eines Zusammenpralls zweier aufeinander zurasenden Lokomotiven anzusehen, die eigens dafür rot und grün angemalen wurden, um sie so besser unterscheiden zu können. Als ein PR-Gag gedacht, soll damit der Fahrkartenverkauf der Linie angekurbelt werden. Als die beiden Lokomotiven zusammenstoßen, gibt es eine gewaltige Kesselexplosion mit verheerendem Ausgang. Umherfliegende Metall- und Holzteile fliegen wie Schrapnells in die Zuschauermenge. Zwei Menschen werden dabei getötet und zahlreiche andere verwundet.

24. September

Der Schriftsteller („*Der große Gatsby*“ (1925) Francis Scott Key Fitzgerald wird in St. Paul, Minnesota geboren.

29. September

Der US-Senator aus Ohio (1954-1957) George Harrison Bender wird in Cleveland, Ohio geboren.

01. Oktober

Die Jennings-Bande überfällt einen Zug der Rock Island Linie. Die Beute ist diesmal eine Flasche Whisky sowie eine Staude grüne Bananen. Drei Wochen später werden alle Bandenmitglieder von US-Marshal James Franklin „*Bud*" Ledbetter (1852-1937) gefangen genommen und später zu hohen Haftstrafen verurteilt.

18. Oktober

Der erste Comic-Strip der Welt „*The Yellow Kid*" wird erstmalig im „*New York Journal*" abgedruckt.

03. November

William McKinley (1843-1901) wird zum 25. Präsidenten der Vereinigten Staaten gewählt; Vizepräsident wird Garret Augustus Hobart (1844-1899).

17. November

Der „*Hängerichter*" von Fort Smith, Arkansas Isaac Charles Parker stirbt in Fort Smith. Zu Lebzeiten auf seine vielen Todesurteile angesprochen, meinte Parker: „*Ich habe nie einen Menschen getötet, das hat das Gesetz getan.*"

02. Dezember

Wyatt Earp (1848-1929), der sich mittlerweile in Kalifornien niedergelassen hat, leitet als Ringrichter den Boxweltmeisterschaftskampf zwischen Robert James „*Bob*" Fitzsimmons (1863-1917) und Tom Sharkey im *Mechanic's Pavilon* in San Francisco - ein Amt, welches er nur widerwillig angenommen hatte. Als er in den Ring steigt, wird sein Revolver, den er bei sich trägt, sichtbar und die Zuschauer fangen an zu johlen. Ein Beamter nimmt ihm die Waffe ab und Earp wird später zu einer Geldstrafe wegen des Tragens einer versteckten Waffe verurteilt. Der Kampf beginnt und 20.000 Zuschauer feuern beide Kämpfer an. In der achten Runde schickt der überlegene Fitzsimmons Sharkey auf die Bretter, doch Earp erklärt den am Boden liegenden Sharkey zum Sieger, weil er einen unerlaubten Schlag von Fitzsimmons gesehen haben will. Earp dazu: *„Ich bedaure, das nicht früher getan zu haben.“* Ein Irrenhaus bricht daraufhin los, doch Earp lässt sich dadurch in keinster Weise in seiner Entscheidung beirren. Diejenigen die auf Fitzsimmons ihr Geld gesetzt haben, sprechen von der größten Manipulation in der Boxgeschichte und das Boxen in Kalifornien gerät über Jahre in Verruf. Earp selber kehrt Kalifornien bald darauf den Rücken und wendet sich nach Nevada und zu den Goldfeldern in Alaska.

06. Dezember

Der Lyriker Ira Gershwin wird als Israel Gershowitz in New York City geboren.

14. Dezember

Der Luftfahrtpionier und US-Generalleutnant der Air Force James Harold *„Jimmy“* Doolittle wird in Almeda, Kalifornien geboren. Berühmt wird er durch seinen Angriff auf die japanischen Hauptinseln im April 1942.

21. Dezember

Der Komponist und Pädagoge Leroy Robertson wird in Fountain Green, Utah geboren.

25. Dezember

Der Komponist John Philip Sousa (1854-1932) schreibt sein Hauptwerk *„Stars and Stripes Forever.“*

27. Dezember

Der Schriftsteller *„Das Leben der Lily Shane“* (1924), *„Olivia Pentland“* (1926), *„Der große Regen“* (1938) Louis Bromfield wird in Mansfield, Ohio geboren.

1897

In Boston wird die erste U-Bahn-Linie der USA eröffnet.

01. Januar

Der US-Konteradmiral Joseph Salathiel Skerrett (*1833) stirbt in Washington D. C.

03. Januar

Die Schauspielerin, Produzentin und Drehbuchautorin Marion Cecilia Davies wird als Marion Cecilia Douras in New York City geboren.

13. Januar

Der US-Kongress verabschiedet das *Stock Reservoir Act*.

29. Januar

Gouverneur Reinhold Sadler (1848-1906) unterzeichnet ein Gesetz, das Nevada zum einzigen US-Staat macht, der öffentliche Preiskämpfe ausdrücklich erlaubt.

02. Februar

Durch ein internationales Schiedsgericht wird der Venezuela-Grenzstreit zwischen den USA und Großbritannien zugunsten Großbritanniens entschieden. 1895 wollte England den Grenzkonflikt zwischen Venezuela und Britisch-Guyana auf gewaltsamen Wege lösen, woraufhin die amerikanische Regierung eingriff und eine schiedsgerichtliche Lösung verlangte. Die Monroe-Doktrin wurde dahingehend ausgelegt, dass die Sicherheit der USA durch jedes Vorgehen einer auswärtigen Macht gegen einen anderen amerikanischen Staat verletzt werden könnte. Da die britische Regierung diesen Standpunkt für unannehmbar erklärt hatte, bestand vorübergehend eine ernsthafte Kriegsgefahr zwischen den beiden Nationen.

07. Februar

Der Komponist Quincy Porter wird in New Haven, Connecticut geboren.

10. Februar

Der Wissenschaftler und Nobelpreisträger für Medizin oder Physiologie (1954 für die Entdeckung der Fähigkeiten von Polio-Viren) John Franklin Enders wird in West Hartford, Connecticut geboren.

17. Februar

Der US-Konteradmiral Edmund Colhoun (*1821) stirbt in Washington D. C.

27. Februar

Der Heckraddampfer *Eagle* sinkt nach einer Explosion und einem anschließend ausbrechenden Feuer in der Nähe von Lexington, Montana.

02. März

Der US-Kongress verabschiedet das *Tea Importation Act*.

04. März

US-Präsident William McKinley tritt sein Amt an; Beginn der Legislaturperiode des 55. US-Kongresses.

08. März

Der US-Senator aus Illinois (1940-1949) Charles Wayland Brooks wird in West Bureau, Illinois geboren.

11. März

Der Pianist und Komponist Henry Dixon Cowell wird in Menlo Park, Kalifornien geboren.

13. März

Die *San Diego State University* wird gegründet.

17. März

Auf der Rennbahn-Arena von Carson City, Nevada kommt es zum Boxweltmeisterschaftskampf zwischen Bob Fitzsimmons und dem Titelverteidiger James John Corbett. In der 14. Runde verliert Corbett seinen Titel, als ihn ein Schlag des bis dahin unterlegenen Fitzsimmons auf dem Solar-Plexus trifft und ihn auf die Bretter schickt. Nur noch aus der Ferne hört er, wie ihn Ringrichter Siler auszählt. Wyatt Earp und vier weitere bewaffnete Männer halten sich dabei in Corbetts Ecke auf, während sich eine gleiche Anzahl Bewaffneter in Fitzsimmons Ecke tummelt, um „Fair Play“ zu gewährleisten. Der Kampf wird auf Film aufgenommen und wird ein kommerzieller Erfolg, wobei beide Boxer jeweils 15 % der Gewinne erhalten.

31. März

Der US-Konteradmiral und 35. Gouverneur von Amerikanisch-Samoa (1945-1947) Harold Alexander Houser wird in Fort Valley, Georgia geboren.

10. April

Der US-Senator aus Indiana (1877-1897) Daniel Wolsey Voorhees (*1827) stirbt in Washington D. C.

17. April

Der Schriftsteller Thornton Niven Wilder („*Die Brücke von San Luis Rey*“ (1927), „*Unsere kleine Stadt*“ (1938) wird in Madison, Wisconsin geboren. 1942 erhält er den Pulitzerpreis, 1957 den Friedenspreis des deutschen Buchhandels.

19. April

In Boston, Massachusetts wird der erste Boston Marathon von Hopkinton Green bis zum Prudential Center (42,195 Kilometer) ausgetragen. Insgesamt starten 15 Läufer und Sieger wird John McDermott (1874-1906?).

26. April

Der olympische Goldmedaillengewinner im Bobfahren (1932) und Boxen (1920) Edward Patrick Francis „*Eddie*“ Eagan wird in Denver, Colorado geboren.

27. April

Das *General Grant National Memorial,* die letzte Ruhestätte von Ulysses S. Grant und später seiner Frau Julia, geborene Boggs-Dent (1826-1902), wird in Riverside Park, Upper Manhattan, New York City eingeweiht.

01. Mai

Die *Tennessee Centennial Exposition* wird in Nashville eröffnet.

04. Mai

Der 38. Gouverneur von Amerikanisch-Samoa (1951-1952) und US-Botschafter in der Dominikanischen Republik (1952-1953) Phelps von Rottenburg wird in Bonn, Deutschland geboren.

06. Mai

Der US-Senator aus Connecticut (1952 und 1953-1959) William Arthur Purtell wird in Hartford, Connecticut geboren.

11. Mai

Die Brüder Milton Othello (1864-1925) und Marshall T. Reeves erhalten ein US-Patent (No. 582485) auf einen Kraftfahrzeug-Schalldämpfer.

14. Mai

Der Jazzmusiker Sidney Bechet wird in New Orleans, Louisiana geboren.

18. Mai

Der Produzent, Schriftsteller und Regisseur Frank Russell Capra („*Herr Smith geht nach Washington*“ (1939), „*It's a Wonderful Life*“ (1946) wird als Francesco Rosario Capra in Bisacquino auf Sizilien geboren.

19. Mai

Das Fliegerass im Ersten Weltkrieg (18 Abschüsse) und Träger der *Medal of Honor* Frank Luke, Jr. wird in Phönix, Arizona-Territorium geboren.

02. Juni

Bezugnehmend auf die Gerüchte, er wäre gestorben, meldet sich der Schriftsteller Mark Twain beim „*New York Journal*“ zu Wort, wobei er festhält: „*Der Bericht über meinen Tod war eine Übertreibung.*“

06. Juni

Der US-Senator aus Indiana (1945-1963) Homer Earl Capehart wird in Algier, Indiana geboren.

07. Juni

Durch einen Beschluss des US-Kongresses wird die indianische Gerichtsbarkeit im Oklahoma-Territorium aufgehoben. Alle Zivilangelegenheiten und Kriminalfälle werden jetzt den regulären weißen Gerichten des Territoriums zugeführt.

09. Juli

Der US-General Albert Coady Wedemeyer wird in Omaha, Nebraska geboren.

17. Juli

Der Dampfer *Portland* macht am Schwabachers Kai in Seattle, Washington fest. Der Reporter Beriah Brown schreibt in einem Kurzartikel: „*Heute Morgen um drei Uhr ist der Dampfer Portland aus St. Michel in den Sound von Seattle eingelaufen. An Bord eine Tonne reines Gold!*“ Dieser letzte Satz geht um die ganze Welt und löst damit den Goldrausch von Alaska aus. Man muss allerdings dazu sagen, dass sich die Goldfelder alle auf kanadischem Gebiet befinden, das betrifft auch die Goldgräberstadt Dawson City. Wer zu den Goldfeldern gelangen will, sieht sich einer der anstrengendsten körperlichen Herausforderungen gegenüber, die es auf der Welt gibt - dem Chilkoot Pass, der an manchen Stellen fast senkrecht aufragt und durch Schneefelder und Hohlwege führt. Wer diesen oder den benachbarten White Pass gemeistert hat (und viele scheitern an dieser großen Barriere) muss sich anschließend ein Boot oder Floß bauen, die Bäume dafür selber fällen, um damit den Yukon hinunterzufahren, um sich von Süden her den Goldfeldern zu nähern: *„Einwärts von Süden, auswärts nach Norden“*, lautet dabei die Regel. Viele der wagemutigen Abenteurer haben dabei nicht die geringste Ahnung von den gewaltigen Strapazen und viele von ihnen scheitern bereits auf ihren Weg nach Dawson.

24. Juli

Das *Dingley Act* erhöht die Einfuhrzölle auf 52 % und bleibt dabei 12 Jahre in Kraft.

Die Flugpionierin Emelia Mary Earhart wird in Atchison, Kansas geboren. Sie verschwindet im Juli 1937 spurlos auf einem Flug von Lea, Papua-Neuguinea nach Howland Island über dem Pazifik.

10. August

US-Innenminister Cornelius Newton Bliss (1833-1911) warnt in einem Aufruf davor, in diesem Jahr eine Reise in das Klondike-Gebiet zu unternehmen. Als der Appell veröffentlicht wird, gehen weitere 2.800 Goldsucher in Seattle an Bord und hunderte weitere brechen von Tacoma, Portland, Victoria und San Francisco zur Fahrt ins „gelobte Land“ auf.

14. August

Der US-Senator aus Mississippi (1881-1897) James Zachariah George (*1826) stirbt in Gulfport, Mississippi.

21. August

Die *Olds Motor Vehicle Company* wird von Ransom Eli Olds (1864-1950) in Lansing, Michigan gegründet.

31. August

Thomas Alva Edison erhält ein Patent für sein Kinetoskop, ein Vorläufer des Filmprojektors.

01. September

Die Bostoner U-Bahn wird eröffnet und wird zur ersten U-Bahn der USA.

03. September

Die Ketchum-Bande überfällt einen Zug der *Colorado & Pacific Railroad* bei Folsom im New Mexiko-Territorium.

10. September

Bei dem sogenannten „Lattimer-Massaker“ werden 19 unbewaffnete streikende Bergleute in der Lattimer-Mine in der Nähe von Hazleton, Pennsylvania von einer Sheriff-Posse erschossen und mehrere Dutzend verwundet.

25. September

Der Schriftsteller („*Wendemarke*“ (1935), „*Absalom, Absalom*“ (1936), „*Die Stadt*“ (1957) und Literaturnobelpreisträger (1949) William Cuthbert Faulkner wird in New Albany, Mississippi geboren.

03. Oktober

Der US-Senator aus Minnesota (1875-1887) Samuel James Renwick McMillan (*1826) stirbt in Saint Paul, Minnesota.

09. Oktober

Der US-Konteradmiral John Mellen Brady Clitz (*1821) stirbt in Washington D. C.

11. Oktober

Der US-Senator aus Florida (1875-1887) Charles William Jones (*1834) stirbt in Dearborn, Michigan.

02. November

Der US-Senator aus Georgia (1933-1971) Richard Brevard Russell, Jr. wird in Winder, Georgia geboren.

03. November

Der US-Senator aus North Carolina (1858-1861) sowie

Brigadegeneral der Konföderierten im amerikanischen Bürgerkrieg Thomas Lanier Clingman (*1812) stirbt in Morganton, North Carolina.

08. November

Die Journalistin und Sozialaktivistin Dorothy Day wird in New York City geboren.

19. November

Der Pädagoge und Historiker William Seymour Tyler (*1810) stirbt in Amherst, Massachusetts.

Dezember

Die *Hole in the Wall Gang* unter dem Outlaw George Sutherland *„Flat Nose"* Curry (1871-1900) und den Logan-Brüdern Henry, Johnny, Lonney und Harvey Logan vereinigt sich mit der Wild Bunch unter Robert Leroy Parker, alias Butch Cassidy (1866-1908?).

12. Dezember

Im *„New York Journal"* erscheint erstmalig der Comic-Strip *„Katzenjammer Kids"*, eine Idee von Randolph Dirks.

1898

Im Oklahoma-Territorium wird die Stadt Wakita gegründet.

John D. Rockefellers *Standard Oil Company* kontrolliert den amerikanischen Ölmarkt.

Bei der Wahl zum 56. US-Kongress erhalten die Republikaner die Mehrheit im Senat und im Repräsentantenhaus.

03. Januar

Der Brigadegeneral der Konföderierten im amerikanischen Bürgerkrieg und 19. Gouverneur von Texas Lawrence Sullivan Ross (*1838) stirbt in Brazos County, Texas.

23. Januar

Der Filmschauspieler George Randolph Scott („*Der Virginier*“ (1929), „*Frontier Marshal*“ (1939), „*7th Cavalry*“ (1956) wird in Orange County, Virginia geboren. Scott wirkt während seiner Karriere in über 100 Filmen mit.

31. Januar

Der Journalist und Pulitzer-Preisträger Hubert Renfro Knickerbocker wird in Yoakum, Texas geboren.

09. Februar

Das *„New York Journal“* veröffentlicht einen privaten Brief des spanischen Diplomaten Enrique Dupuy de Lóme (1851-1904), in dem der Präsident McKinley als schwach und zu nachgiebig den Massen gegenüber bezeichnet. De Lóme tritt daraufhin zurück und in den USA wächst der Unmut gegenüber Spanien.

14. Februar

Die Stummfilmschauspielerin und jüngere Schwester von Jane Novak (1896-1990) Eva Barbara Novak wird in St. Louis, Missouri geboren.

15. Februar

Unter nicht geklärten Umständen explodiert die *USS Maine* im Hafen von Havanna, Kuba und tötet dabei 266 Männer. Die öffentliche Meinung, unterstützt durch die Hearst-Presse, legt Spanien die Versenkung der Maine zur Last und fordert ein hartes Eingreifen der amerikanischen Regierung. Am 25. Februar bekommt die Pazifikflotte unter Commodore George Dewey (1837-1917) den Befehl, die spanische Flotte im Falle eines Kriegsausbruchs vor den Philippinen anzugreifen.

03. März

Der US-Senator aus Kentucky (1951-1952) Thomas Rust Underwood wird in Hopkinsville, Kentucky geboren.

06. März

Der Politiker, Eisenbahner und Präsident der *Erie Railroad* (1874-1884) Hugh Judge Jewett (*1817) stirbt in Augusta, Georgia.

09. März

Der US-Kongress bewilligt 50 Millionen Dollar für Verteidigungszwecke. Trotz des öffentlichen Drucks verfolgt Präsident McKinley noch immer eine Anti-Kriegspolitik und erklärt, dass die USA in Kuba keine territorialen Ziele verfolge. Zudem setzt er sich für einen Waffenstillstand zwischen den Spaniern und den kubanischen Unabhängigkeitskämpfern ein.

13. März

Der Filmregisseur und Produzent Henry Hathaway („*Niagara*“ (1953), „*Wie der Westen gewonnen wurde*“ (1962), „*Die vier Söhne der Katie Elder*“ (1965) wird in Sacramento, Kalifornien geboren.

28. März

Nach einer Untersuchung kommt die US-Navy zu dem

Ergebnis, dass die *USS Maine* von einer Mine versenkt wurde, was die Kriegsstimmung in den USA weiter anheizt.

30. März

Das Mare-Island-Erdbeben erschüttert die Küstenregion vor San Francisco und verursacht Schäden in Höhe von rund 350.000 Dollar.

08. April

Richard *„Little Dick"* West, ehemaliges Mitglied der Doolin-Bande, wird südlich von Guthrie, Oklahoma-Territorium von US-Marshal Chris Madsen erschossen.

11. April

Präsident McKinley gibt dem öffentlichen Druck nach und bittet in einer Botschaft an den Kongress, um eine machtvolle Intervention, um den Frieden in Kuba wieder herzustellen.

20. April

Der US-Kongress nimmt eine gemeinsame Resolution an, in der die Unabhängigkeit Kubas anerkannt und der Rückzug der spanischen Truppen gefordert wird. Der Kongress erklärt in der sogenannten *Teller Resolution* erneut, dass die USA Kuba nicht annektieren werden.

22. April

Spanien bricht die diplomatischen Beziehungen zu den USA ab, die wiederum mit der Blockade der kubanischen Häfen beginnt. *Die USS Nashville* erobert ein spanisches Handelsschiff vor Key West, Florida.

24. April

Spanien lehnt die von den USA geforderte Unabhängigkeit Kubas ab und erklärt den Kriegszustand.

25. April

Die USA erklären Spanien den Krieg.

30. April

Deweys Pazifikflotte - vier Panzerkreuzer und zwei Kanonenboote - läuft in den Hafen von Manila ein.

01. Mai

Die amerikanische Flotte greift die zehn Kreuzer und Kanonenboote der Spanier unter Konteradmiral Patricio Montoya y Pasarón (1839-1917) in der Manila Bay an. Nach einer siebenstündigen Schlacht ist die spanische Flotte vernichtet und 381 Spanier gefallen. Deweys Flotte beklagt lediglich sieben Verwundete.

12. Mai

Louisianas neue Verfassung schließt die schwarze Bevölkerung praktisch von den Wahlen aus.

Die Bombardierung von San Juan markiert den Beginn der Puerto Rico-Kampagne.

19. Mai

Die spanische Atlantikflotte unter Admiral Pascual Cervera y Topete (1839-1909) - vier Panzerkreuzer und drei Torpedoboote - läuft in den Hafen von Santiago de Cuba ein, wo sie unter dem Schutz der Küstenartillerie vor Anker geht.

22. Mai

Der Sozialist und Schriftsteller Edward Bellamy (*1850) stirbt in Checopee, Massachusetts.

29. Mai

Die amerikanische Flotte beginnt mit der Blockade der spanischen Schiffe. Den Befehl über die nördliche Küste Kubas erhält Rear Admiral William Thomas Sampson (1840-1902), während Rear Admiral Winfield Scott Schley (1839-1911) die südliche Küste befehligt.

Das „große Bootsrennen“ vom Lake Bennett nach Dawson City beginnt. Rund 20.000 Goldsucher, die den Winter über am Lake Bennett verbringen mussten, beginnen in 7.000 Booten verschiedenster Bauart nach Dawson zu segeln.

01. Juni

Die *Trans Mississippi Exposition* wird in Omaha, Nebraska eröffnet und läuft bis zum 01. November.

Der US-Kongress verabschiedet das *Erdman Act.*

12. Juni

Die Philippinen erklären ihre Unabhängigkeit von Spanien.

13. Juni

In Kanada wird das Yukon-Territorium mit Dawson als Hauptstadt gegründet.

Das *War Revenue Act* wird verabschiedet.

21. Juni

Guam wird von der US-Navy eingenommen.

22. Juni

General William Rufus Shafter (1835-1906) landet mit 17.000 Mann östlich von Santiago de Cuba bei Daiquiri.

Am 23. Juni kommt es bei Las Guasimas zu einem ersten Gefecht mit den Spaniern, in dessen Verlauf auch das 10. US-Kavallerieregiment seinen ersten Einsatz hat. Am 24. Juni rücken die Amerikaner gegen rund 2.000 Spanier vor, die sich zwischen dem Brückenkopf an der Siboney Bucht und dem 25 km entfernten Santiago de Cuba eingegraben haben.

01. Juli

In der Schlacht von El Caney und San Juan Hill erobern die amerikanischen Truppen die Höhen und können von dort aus Santiagode Cuba und die im Hafen liegenden spanischen Kreuzer unter Feuer nehmen. Der spätere US-Präsident Theodore Roosevelt führt den Angriff seiner *Rough Riders* auf San Juan Hill auf bemerkenswerte Weise an.

Der US-Kongress verabschiedet das *Bankruptcy Act*.

03. Juli

Die amerikanische Flotte vernichtet die spanische Flotte bei dem Versuch die Blockade vor Santiago de Cuba zu durchbrechen. Als die vierstündige Seeschlacht beendet ist, haben die Spanier 474 Tote und Verwundete zu beklagen, weitere 1.750 werden gefangen genommen. Die Amerikaner beklagen einen Toten und einen Verwundeten. Die Versenkung der spanischen Atlantikflotte beendet de facto den Krieg, da Spanien über keine nennenswerten Einheiten mehr in der Region verfügt.

07. Juli

Bedingt durch den Krieg mit Spanien und der wichtigen strategischen Lage im Pazifik, annektieren die USA die Inselgruppe von Hawaii.

08. Juli

Der bekannte Gangster Jefferson Randolph *„Soapy"* Smith (*1860) wird in Skagway, Alaska-Gebiet von dem Landvermesser Frank H. Reid mit einem Schuss ins Herz getötet. Auch Reid stirbt am 20. Juli an einer Kugel, die ihm Smith mit einer Winchester bei dem Schusswechsel zugefügt hat.

11. Juli

Der US-Senator aus Michigan (1881-1887) Omar Dwight Conger (*1818) stirbt in Ocean City, Maryland.

17. Juli

Santiago de Cuba mit seinen 24.000 Verteidigern kapituliert vor den amerikanischen Streitkräften.

22. Juli

Der Dichter und Romanautor Stephen Vincent Benét wird in Bethlehem, Pennsylvania geboren.

25. Juli

Mit der Landung in Guánica Bay beginnen amerikanische Marineinfanteristen Puerto Rico zu besetzen.

26. Juli

Die spanische Regierung bittet durch den französischen Botschafter in Washington, um die Bekanntgabe der amerikanischen Friedensbedingungen.

02. August

Der Schauspieler, Drehbuchautor und Regisseur Glenn Tyron wird in Juliaetta, Idaho geboren.

05. August

Der Drehbuchautor und Filmregisseur Lewis Ransom Foster wird in Brookfield, Missouri geboren.

12. August

Unterzeichnung eines Protokolls, das einen in Paris abzuschließenden Friedensvertrag vorsieht, wenn Manila auf den Philippinen kapituliert hat.

13. August

Manila wird von amerikanischen Streitkräften erobert.

14. August

Die Besetzung von Puerto Rico ist abgeschlossen.

28. August

Der Apotheker Carleb Davis Bradham (1867-1934) erfindet die *Pepsi-Cola*, eine Ableitung nach dem Verdauungsenzym Pepsin.

Der Dichter, Romancier, Literaturkritiker und Journalist Malcom Cowley wird in Belsano, Pennsylvania geboren.

31. August

Auf der *Trans-Mississippi-Exposition* wird zu Ehren von *Buffalo Bill* Cody in Omaha, Nebraska eine große Feier veranstaltet.

07. September

Der Schriftsteller Henry Morton Robinson wird in Boston, Massachusetts geboren.

09. September

Der US-Senator aus New Hampshire (1937-1961) Henry Styles Bridges wird in Pembroke, Maine geboren.

13. September

Hannibal Goodwin (1822-1900) wird das Patent für seinen Rollfilm für Kameras (U.S.P. 610861) nach langjährigen Patentstreitigkeiten mit der *Eastman-Kodak-Company* zuerkannt.

21. September

Der US-Senator aus Connecticut (1875-1881) William Wallace Eaton (*1816) stirbt in Hartford, Connecticut.

26. September

Der Komponist George Gershwin („*Rhapsody in Blue*“ (1924), „*Ein Amerikaner in Paris*“, (1928), „*Porgy and Bess*“ (1935) wird in New York City geboren.

Die Bühnenschauspielerin Fanny Lili Gipsey Davenport (*1850) stirbt in Daxbury, Massachusetts.

28. September

Der US-Senator aus Delaware (1869-1885) und 30. US-Außenminister (1885-1889) Thomas Francis Bayard (*1828) stirbt in Dedham, Massachusetts.

01. Oktober

In Paris beginnen die Friedensverhandlungen zwischen Spanien und den Vereinigten Staaten.

05. Oktober

Auf dem Leech Lake in Minnesota kommt es zur sogenannten Schlacht von Sucar Point zwischen 19 Ojibwa-Indianern unter *Bugonaygeshig* und 80 US-Soldaten der 3. US-Infanterie, Marshals und Indianerpolizisten unter Brevet Major Mellville C. Wilkinson und General John Mosby Bacon (1844-1913). Sechs Soldaten, darunter Major Wilkinson, werden dabei getötet, weitere zehn verwundet. Ein indianischer Polizist wird aus Versehen erschossen sowie sechs weitere verwundet. Nach seiner Flucht wird *Bugonaygeshig* nie gefangen genommen.

12. Oktober

Der Abolitionist und Präsident der *Michigan Central & Chicago, Burlington & Quincy Railroad* John Murray Forbes (*1813) stirbt in Milton, Massachusetts.

10. November

In Wilmington, North Carolina kommt es zu schweren Gewalttaten der Demokratischen Partei gegen schwarze Zivilisten, mit dem Ziel, die Rechte von Schwarzen weiter einzuschränken. Zwischen 60 und 300 Schwarze werden dabei getötet, Gebäude angezündet und zerstört.

13. November

Der US-Senator aus Utah (1951-1974) Wallace Foster Bennett wird in Salt Lake City, Utah geboren.

16. November

Der Neurophysiologe und Kybernetiker Warren Sturgis McCulloch wird in Orange, New Jersey geboren.

17. November

Der US-Senator aus Texas (1961) William Arvis Blakley wird in Miami Station, Missouri geboren.

26. November

Der *„Portland Gale"*, ein zweitägiger Schneesturm, führt zu hohen Schneeverwehungen in Boston, was die Fischerei-Industrie in Massachusetts und einige Städte an der Küste Neuenglands stark in Mitleidenschaft zieht.

10. Dezember

Friedensvertrag von Paris.
Obwohl Spanien sich gegen eine Abtretung der Philippinen wehrt, nimmt Madrid schließlich doch diese amerikanische Forderung an. Die USA zahlen Spanien dafür eine Entschädigungssumme von 20 Millionen Dollar. Ferner muss Spanien alle Ansprüche auf Guam, Puerto Rico und Kuba aufgeben sowie die Kriegsschulden in Höhe von 400 Millionen Dollar übernehmen.

15. Dezember

Der US-Senator aus Ohio (1891-1897) Calvin Stewart

Brice (*1845) stirbt in New York City.

18. Dezember

Der US-Senator aus Florida (*1868-1873) Thomas Ward Osborn (*1833) stirbt in New York City.

1899

Henry Ford gründet mit zwei Partnern und dem finanziellen Rückhalt einer kleinen Gruppe von Detroiter Geschäftsleuten die *Detroit Automobil Company,* deren Chefingenieur er wird. 1903 gründet er seine *Ford Motor Company.*

John D. Rockefeller unternimmt einen neuerlichen Versuch, den Gesamtkomplex seiner Ölfirmen unter seine Kontrolle zu bringen. Er gründet die *Standard Oil Company of New Jersey* als Holdinggesellschaft. 1901 wird auch diese Konstruktion durch eine Entscheidung des Obersten Gerichtshofs als ungesetzlich aufgelöst.

Die *United Fruit Company* wird gegründet, die schon bald darauf ihren Einfluss auf Lateinamerika hin ausdehnt.

US-Außenminister John Hay (1838-1905) schlägt eine Politik der „offenen Tür“ vor. Er verlangt, dass die am Handel mit China interessierten Mächte auch allen anderen Nationen den Zutritt zu den chinesischen Märkten gestatten sollten. Es gelingt ihm dann auch, die Zustimmung der wichtigen europäischen Nationen zu erlangen.

Neue Goldfunde in Nome, im Alaska-Gebiet lassen die Welt aufhorchen.

01. Januar

Die Stadtteile Queens und Staten Island verschmelzen mit New York City.

09. Januar

Der US-Senator aus Connecticut (1939-1945) John Anthony Danaher wird in Meriden, Connecticut geboren.

17. Januar

Der Chicagoer Unterweltboss Alphonse Gabriel *„Al“* Capone wird in New York City geboren. Während der Prohibitionszeit macht sich Capone einen Namen und wird zu einer mehr oder weniger nationalen Berühmtheit. An der Syphilis erkrankt, stirbt er am 25. Januar 1947 an einer Lungenentzündung in Palm Island, Florida. Laut Guy Murchie, Jr. von der *„Chicago Daily Tribune“* gehen 33 Morde auf das Konto von Capone.

17. Januar

Die USA nehmen von dem Korallenatoll Wake Island im westlichen Pazifik Besitz.

26. Januar

Der US-Senator aus Arkansas (1885-1889) Augustus Hill Garland (*1832) stirbt in Washington D. C.

04. bis bis 05. Februar

In der ersten und größten Schlacht des Krieges treffen 19.000 Amerikaner in Manila auf 15.000 philippinische Milizsoldaten. Die Amerikaner siegen.

06. Februar

Der US-Senat ratifiziert den Vertrag von Paris.

12. bis 14. Februar

Der große Schneesturm von 1899 trifft die gesamte USA, besonders die Gebiete östlich der Rocky Mountains bis hinunter nach Florida.

14. Februar

Der US-Kongress beschließt Wahlmaschinen bei Bundeswahlen zuzulassen.

02. März

Im US-Bundesstaat Washington wird der Mount Rainier-Nationalpark gegründet.

03. März

Der US-Kongress verabschiedet das *Rivers & Harbors Act.*

04. März

Beginn der Legislaturperiode des 56. US-Kongresses.

10. März

In der zweiten Schlacht von Jaro erobern philippinische Streitkräfte auf der Insel Paney die Stadt Jaro von den Amerikanern zurück.

13. März

Der Physiker und Mathematiker John Hasbrough Van Vleck wird in Middletown, Connecticut geboren. 1977 erhält der den Nobelpreis für Physik.

19. März

Der US-Senator aus Georgia (1894-1895) Patrick Walsh (*1840) stirbt in Augusta, Georgia.

Commodore George Dewey (1837-1917) und
Theodore „Teddy“ Roosevelt (1858-1919).

20. März

Die Mörderin Martha M. Place, geb. Garretson wird als erste Frau der USA im Gefängnis von Ossining, New York auf dem elektrischen Stuhl hingerichtet.

24. März

George Dewey (1837-1917) wird zum Admiral der US-Marine ernannt.

27. März

Die Filmschauspielerin Gloria May Josephine Swanson („*Sunset Boulevard*" (1950) wird in Chicago, Illinois geboren.

Auf den Philippinen kommt es zur Schlacht von Marilao zwischen den Amerikanern unter Brigadegeneral Irving Hale (1861-1930) und den Philippinos unter dem ersten Präsidenten der Philippinen Emilio Aquinaldo y Famy (1869-1964). Dabei gelingt es den Amerikanern den Fluss Marilao trotz feindlichem Feuer zu überqueren. Sie beklagen 14 Tote und 65 Verwundete, die Phillipinos beklagen 90 Tote, 30 weitere werden gefangen genommen.

31. März

Die Hauptstadt der ersten philippinischen Republik Malolos wird von den Amerikanern nach schwerem Kampf eingenommen.

01. April

Der US-Konteradmiral Charles Carroll Carpenter (*1834) stirbt in Boston, Massachusetts.

09. bis 10. April

US-General Henry Ware Lawton (1843-1899) nimmt die philippinische Festung von Santa Cruz ein und rückt mit seinen Truppen in die Provinz Laguna auf der Insel Luzon vor.

10. April

Der US-Senator aus Colorado (1883) Horace Austin Warner Tabor (*1830) stirbt in Denver, Colorado.

11. April

Lawtons Truppen nehmen Pagsanjan ein. Am 12. April nehmen die Amerikaner Paete ein und beenden damit den Laguna-Feldzug.

23. April

Der philippinische General Gregorio del Pilar (1875-1899) stoppt bei Quingua in Luzon einen Trupp amerikanischer Armee-Kundschafter, wird aber nach einem Artilleriebeschuss und anschließender Bodenoffensive von US-Infanteristen wieder zurückgetrieben.

24. April

Der US-Senator aus Illinois (1873-1878) Richard James Oglesby (*1824) stirbt in Elkhart, Illinois.

26. April

In einem der Schlafzimmer des Opera House bricht ein Feuer aus, der einen großen Teil des Geschäftsviertels von Dawson City zerstört. Da die Temperatur - 45 °C beträgt, ist das Löschwasser gefroren, sodass mit Dynamit gegen den Brand vorgegangen werden muss.

29. April

Der Jazzmusiker und Komponist Edward Kennedy „*Duke*" Ellington wird in Washington D. C. geboren.

Mai

Das 10. US-Kavallerieregiment kehrt nach Kuba zurück und bleibt dort bis 1902 als Besatzungstruppe. Teile der Truppe werden im Januar 1900 zu den Philippinen abkommandiert.

04. Mai

Die Amerikaner vertreiben die philippinischen Truppen unter General Antonio Luna (1866-1899) aus Santo Tomas. 35 von ihnen werden getötet, die Amerikaner beklagen 15 Tote.

10. Mai

Der Tänzer, Sänger und Schauspieler Fred Astaire wird als Frederick Austerlitz in Omaha, Nebraska geboren.

15. Mai

Der US-Senator aus Idaho (1862-1873) und 23. Gouverneur von Idaho Leonard Beck Jordan wird in Mount Pleasant, Utah geboren.

02. Juni

Die Wild Bunch um Butch Cassidy und Sundance Kid überfällt einen Zug der *Pacific Overland Limited* bei Wilcox, Wyoming und sprengen den Expresswagen in die Luft, der Tausende von Münzen in die Nachtluft speit. Die Bande schaufelt hastig ca. 30.000 Dollar zusammen und reitet dann davon.

05. Juni

General Antonio Luna wird von Aquinaldos Offizieren in einen Hinterhalt gelockt und ermordet.

07. Juni

Die berüchtigte Abstinenzlerin Carrie Amelia Nation (1846-1911) betritt einen Saloon in Kiowa, Kansas und zerstört dort alle alkoholischen Getränke mit Steinen. Damit beginnt ihr Feldzug gegen den Alkohol, wobei sie, zumeist bewaffnet mit einem Handbeil, überall dort, wo sie auftaucht, zum Schrecken aller Saloonbesitzer wird.

09. Juni

Durch einen KO-Sieg in der 11. Runde gegen Bob Fitzsimmons wird James Jackson Jeffries (1875-1953) auf Coney Island, New York neuer Boxweltmeister im Schwergewicht.

12. Juni

Ein Tornado zerstört die Stadt New Richmond in Wisconsin und tötet dabei 117 Menschen, während über 200 weitere verletzt werden.

13. Juni

Bei den zweitschwersten Kampfhandlungen während des Amerikanisch-Philippinischen Krieges um die Zapote-Brücke, schlagen Lawtons Truppen einen großen philippinischen Truppenverband unter General Maximo Hizon.

10. Juli

Die Ketchum-Bande überfällt abermals einen Zug der *Colorado & Pacific Railroad* bei Folsom im New Mexiko-Territorium. Ein Aufgebot kann die Bande im Turkey Canyon stellen und es kommt zu einer Schießerei, bei der der Bruder von Black Jack Ketchum, Sam Ketchum verwundet und dann verhaftet wird.

17. Juli

In Chicago, Illinois wird der erste Jugendgerichtshof der USA gegründet.

Der Tänzer, Sänger und Filmschauspieler („*Yankee Doodle Dandy*“ (1942) James Francis Cacney, Jr. wird in New York City geboren.

19. Juli

In New York City beginnt der Streik der Zeitungsjungen, der bis zum 02. August andauert.

21. Juli

Der Journalist und Romanschriftsteller Ernest Miller Hemingway („*Wem die Stunde schlägt*“ (1940), „*Der alte Mann und das Meer*“ (1951) wird in Oak Park, Illinois geboren. 1953 erhält er den Pulitzerpreis, 1954 den Nobelpreis für Literatur.

24. Juli

Sam Ketchum stirbt schwerverwundet von den Kugeln des Aufgebots im Gefängnis von Cimarron, New Mexiko-Territorium an einer Blutvergiftung.

13. August

Der US-Filmregisseur Sir Alfred Joseph Hitchcock („*Die*

Vögel" (1963), *„Psycho"* (1960), *„Marnie"* (1964) wird in Leytonstone, Essex, Großbritannien geboren.

16. August

Die Ketchum-Bande erlebt bei dem Versuch, zum dritten Mal den Zug der *Colorado & Pacific Railroad* bei Folsom auszurauben, ihr blutiges Fiasko. Die Angestellten der Gesellschaft sind diesmal gut vorbereitet und ein Schaffner schießt Tom Ketchum 42 Schrotkugeln in den rechten Arm. Ketchum wird ins Staatsgefängnis von Santa Fe eingeliefert, wo ihm am 09. September der Arm amputiert wird.

17. August

Der San Ciriaco-Hurrikan trifft auf die Küste von North Carolina und zerstört die Stadt Diamond City vollständig.

12. September

Der Eisenbahnmagnat Cornelius Vanderbilt II. (*1843) stirbt in New York City.

14. September

Als erste Person in den USA überhaupt, wird Henry H. Bliss (*1830) das Opfer eines Verkehrsunfalls durch ein Auto mit Elektroantrieb, als er in New York City aus einer Straßenbahn steigt und dann von dem Auto (Taxi) erfasst und getötet wird.

18. September

Die Amerikaner unter Generalmajor Elwell Stephen Otis (1838-1909) siegen in dem Gefecht von Olongapo und zerstören dabei ein Artilleriegeschütz der Philippinos, das amerikanische Schiffe zur See bedroht hatte.

03. Oktober

Die Schauspielerin, Drehbuchautorin und Produzentin Gertrude Berg wird in New York City geboren.

05. Oktober

Der US-Senator aus Iowa (1865-1866) James Harlan (*1820) stirbt in Mount Pleasant, Iowa.

09. Oktober

Der Historiker und Pulitzer-Preisträger (1954) Charles Bruce Catton wird in Petoskey, Michigan geboren.

28. Oktober

Der in Hächtel, Deutschland geborene Erfinder (Linotype-Maschine) Ottmar Mergenthaler (*1854) stirbt in Baltimore, Maryland.

08. November

Der Zoo im New Yorker Stadtteil Bronx wird eröffnet.

11. November

Die Amerikaner erringen unter Generalmajor Loyd Wheaton (1838-1918) bei San Jaquinto einen Sieg gegen die philippinischen Streitkräfte unter General Manuel Tinio y Bundoc (1877-1924).

21. November

Der 24. US-Vizepräsident, Garret Hobart (*1844), stirbt im Amt in Paterson, New Jersey.

02. Dezember

Die USA unterzeichnen den Samoa-Vertrag. Darin verzichtet Großbritannien auf alle Rechte an den Samoa-Inseln. Deutschland verzichtet auf alle Rechte an den Tonga-Inseln und jenen Inseln, die südöstlich von Buka und Bougainville liegen. Die Samoa-Inseln werden längs des 171. Längengrades zwischen Deutschland und den USA aufgeteilt. Das Salaga-Gebiet in Westafrika wird zwischen der britischen Goldküste und dem deutschen Togo aufgeteilt und Deutschland gibt seine Rechte auf das exterritoriale Sansibar auf. Die USA erhalten Tutuila und den wichtigen Hafen von Pago Pago in Samoa.

Am Tirad Pass auf Luzon wehren sich 60 philippinische Kämpfer unter General Gregorio del Pilar (*1875) fünf Stunden lang gegen 500 US-Infanteristen, bevor nahezu alle Philippinos einschließlich Pilar getötet sind.

19. Dezember

Im Kampf von Paye auf Luzon, schlägt der philippinische General Licerio Geronimo eine amerikanische Brigade unter General Lawton, der in dem Gefecht tödlich verwundet wird. Die Philippinos gehen in Folge zu einer Guerilla-Kampftaktik über und erst der spätere US-Präsident Theodore Roosevelt erklärt am 4. Juli 1902 den Krieg für beendet. Zwischen 200.000 und 1,5 Millionen philippinische Zivilisten kommen aufgrund der Kampfhandlungen während des Krieges und einer Choleraepidemie ums Leben. Die militärischen Verluste sind deutlich niedriger und belaufen sich auf etwa 4.000 amerikanische Soldaten und 20.000 philippinische Aufständische.

20. Dezember

Der US-Senator aus Alabama (1946-1979) John Sparkman wird in Hartselle, Alabama geboren.

25. Dezember

Der Filmschauspieler Humphrey DeForest Bogart („*Der Malteser Falke*" (1941), „*Casablanca*" (1942), „*Die Caine war ihr Schicksal*" (1945), „*African Queen*" (1951) wird in New York City geboren.

***

Der Eispalast von Leadville, Colorado nach seiner Fertigstellung.

Tom Sharkey
(1873-1959)

Bob Fitzsimmons
(1863-1917)

US-Präsident William McKinley
(1843-1901)

Richter Isaac Charles Parker
(1838-1896)

Die Flugpionierin Amelia Mary Earhart
(1897-1927)

Der Chilkoot-Pass steht zwischen den Goldsuchern und Dawson City.

Die Goldgräberstadt Dawson City am Klondike im Jahre 1899

Die *USS Maine* explodiert am 15. Dezember 1898

Der spätere US-Präsident Theodore „Teddy" Roosevelt (1858-1919) inmitten seiner Rough Riders

Personenregister

Bibliografie

Ahrens, Helmut:	Alltag im Zentrum der Macht - Washington, Braunschweig 1989
Bandie, Hans G.:	Alaska - Urgeschichte, Geschichte, Gegenwart, Stuttgart 1967
Brandt, Armin M.:	Bau deinen Altar auf fremder Erde, Stuttgart 1983
Breiham, Carl W.:	Das war Jesse James, München 1972
Brown, Dee:	Begrabt mein Herz an der Biegung des Flusses, Hamburg 1972
Baumann, Peter:	Reise zum Sonnentanz, Berlin 1970
Cooke, Alistair:	Amerika - Geschichte der Vereinigten Staaten, Stuttgart / Zürich 1975
Fernau, Joachim:	Halleluja - Die Geschichte der USA, München 1990
Franzen, Michael:	Die Teton-Sioux - Ein Volk kämpft!, Neumünster, 2017
ders.	Die Apachen - Ein Guerillakrieg in der Wildnis, Neumünster / Berlin 2017
ders.	Buffalo Bill - Westernheld und Showmaster, Neumünster / Berlin 2017
Guggisberg, Hans R.:	Geschichte der USA, Stuttgart 1975
Göller, Karl H. (Hrsg.)	
Hoffmann, Gerhard (Hrsg.):	Die amerikanische Kurzgeschichte, Düsseldorf 1972
Hagen, Christopher S.:	Sheriffs, Outlaws und Banditen, Augsburg 1975
Hagen, Christopher S.:	Der Goldrausch, Stuttgart 1975
Hagen, Victor M.:	Der Ruf der neuen Welt, München / Zürich, 1970
Hearting, Ernie:	Sitting Bull, Augsburg 1990
Helms, Erwin:	Edition Zeitgeschichte USA, Hannover 1972
Hetmann, Frederick:	Im Sattel der Cowboys, Würzburg 1977
Harpprecht, Klaus / Höpker, Thomas:	Amerika - Geschichte der Eroberung von Florida bis Kanada, Hamburg 1986
Jaeger, Hans:	Die amerikanische Wirtschaft seit der industriellen Revolution, Berlin 1973
Junkelmann, Marcus:	Die Eroberung des Westens Die USA nach dem Bürgerkrieg 1865-1890, Augsburg 1993

Kiecksee, Jens: Die Wyatt Earp-Story, Wyk auf Föhr 1991

Kuhn, Annette (Hrsg.): Die Chronik der Frauen, Dortmund 1992

Mancini, Richard: Der Wilde Westen - Cowboys, Trapper, Pioniere, Bindlach 1994

Michener, James A.: Alaska, Düsseldorf 1989

Mittler, Max: Eroberung eines Kontinents, Zürich 1971

Moltmann, Günter / Lindig, Wolfgang: Die Vereinigten Staaten von Amerika, Freiburg / Würzburg, 1985

Nye, R. B. / Morpurgo, J. E.: Geschichte der USA, München 1995

O'Neil, Paul: Gunfighter, Alle Revolvermänner des Wilden Westens, Eine Enzyklopädie, Zürich 1997

Oth, Rene: Das große Indianerlexikon, Würzburg 1979

Rosa, Joseph .: Schusswaffen der amerikanischen Pionierzeit, Stuttgart 1987

Schomaekers, Günter: Daten zur Geschichte der USA, München 1983
Der Wilde Westen, Augsburg 1993

Sautter, Udo: Geschichte der Vereinigten Staaten von Amerika, Stuttgart 1991

Schreiber, Hermann (Hrsg.):

Schumann Kuno / Die Vereinigten Staaten, Braunschweig 1981

Stammel, H. J.: Das waren noch Männer, Düsseldorf 1970
Der Cowboy - Legende und Wirklichkeit,

ders. Gütersloh / München 1972

Umminger, Walter: Chronik des Sports, Dortmund 1990

US-Informationsdienst: Grundriss der Geschichte der Vereinigten Staaten von Amerika, Bad Godesberg 1954

Wernigerode, Otto Graf von Stolberg: Geschichte der Vereinigten Staaten von Amerika, Berlin 1973

Michael Franzen

Tagebuch der Amerikanischen Geschichte Teil 3

1776 – 1799

Die Geschichte der Vereinigten Staaten von Amerika, von der Unterzeichnung der Unabhängigkeitserklärung im Jahre 1776, über die amerikanische Revolution bis hin zum Ende des 18. Jahrhunderts. Chronologisch zusammengefasst in rund 480 Daten, mit einem übersichtlichen Personenregister am Ende des Buches - **168 Seiten als Taschenbuch, 25 s/wAbbildungen, ISBN 978-3-750252-68-4 für 8,99 €.**

Michael Franzen

Tagebuch der Geschichte der USA des 19. Jahrhunderts

1800 – 1811

Band 1 der Geschichte der USA des 19. Jahrhunderts beschreibt die Zeit von 1800 bis1811. Die Lewis- und Clark-Expedition markiert den Beginn der Erforschung und Eroberung des amerikanischen Westens. Durch die napoleonischen Kriege in Europa kommt es zum Handelskrieg mit Frankreich und Großbritannien - **96 Seiten als Taschenbuch, 16 s/w-Abbildungen, ISBN 978-3-7450-6510-7 für 6,99 €.**

Michael Franzen

Tagebuch der Geschichte der USA des 19. Jahrhunderts

1812 – 1824

Band 2 der Geschichte der USA des 19. Jahrhunderts beschreibt die Zeit von 1812 bis 1824. Durch die fortlaufenden Spannungen mit Großbritannien und Frankreich kommt es schließlich zum „Zweiten Unabhängigkeitskrieg“ mit England. Der anschließende wirtschaftliche Aufstieg findet in der „Era of Good Feelings“ ihren Ausdruck und auch außenpolitisch setzen die USA mit der „Monroe-Doktrin“ neue Akzente - **156 Seiten als Taschenbuch, 23 s/w-Abbildungen, ISBN 978-3-7450-6791-0 für 7,95 €.**

Michael Franzen

Tagebuch der Geschichte der USA des 19. Jahrhunderts
1825 - 1845

Band 3 der Geschichte der USA des 19. Jahrhunderts beschreibt chronologisch die Zeit ab der Veränderung der Parteienlandschaft in den USA seit 1825 und dem gleichzeitigen Erstarken der Jacksonian-Partei, die in der Wahl von Andrew Jackson zum 7. Präsidenten der Vereinigten Staaten gipfelte. Der verstärkte Zustrom der weißen Amerikaner in die mexikanische Provinz von Texas, führt zum Freiheitskampf der texanischen Siedler und am Ende zur Gründung der Republik Texas, seiner Annexion durch die USA und dem daraus resultierenden Krieg mit Mexiko - **188 Seiten als Taschenbuch, 33 s/w-Abbildungen, ISBN 978-3-7450-6891-7 für 8,99 €.**

Michael Franzen

Tagebuch der Geschichte der USA des 19. Jahrhunderts

1846 - 1860

Band 4 der Geschichte der USA des 19. Jahrhunderts beschreibt chronologisch die Zeit vom Krieg mit Mexiko, der den USA große territoriale Gewinne bringt. Durch den Goldrausch in Kalifornien ziehen Goldsucher und Aussiedler nach dem Westen und brechen dabei auch in die Heimatgebiete der indianischen Ureinwohner ein. Der Kansas-Bürgerkrieg ist der dunkle Vorbote des sich nahenden Bürgerkriegs zwischen dem Norden und dem Süden - **180 Seiten als Taschenbuch, 37 s/w-Abbildungen, ISBN 978-3-7450-7034-7 für 8,99 €.**

Michael Franzen

Tagebuch der Geschichte der USA des 19. Jahrhunderts

1861 - 1865

Der fünfte Band der Geschichte der USA des 19. Jahrhunderts beschreibt chronologisch die Zeit der Wahl von Abraham Lincoln zum 16. Präsidenten der USA und dem sich anschließenden amerikanischen Bürgerkrieg, der vier Jahre lang blutig vor sich hintobt. Die ersten Kriegsjahre werden vom Süden dominiert, bis sich die zahlenmäßige und industrielle Überlegenheit des Nordens schließlich durchsetzt. Die Sklavenbefreiung ist eine Folge dieses Krieges, der mit der Ermordung von Präsident Lincoln endet - **188 Seiten als Taschenbuch, 41 s/w-Abbildungen, ISBN 978-3-7450-7061-3 für 8,99 €.**

Michael Franzen

Tagebuch der Geschichte der USA des 19. Jahrhunderts

1866 - 1877

Der sechste Band der Geschichte der USA des 19. Jahrhunderts beschreibt chronologisch die Zeit nach dem amerikanischen Bürgerkrieg, die mit der Rekonstruktion, der Wiedereingliederung der ehemaligen Südstaaten, einhergeht. Die Menschen, die durch den Krieg ihr Hab und Gut verloren haben, ziehen vermehrt in den Westen und brechen in die Gebiete der dort beheimateten Plains-Indianer ein. Die Zeit des „Wilden Westens“ prägt das Bild der USA nachhaltig - **184 Seiten als Taschenbuch, 37 s/w-Abbildungen, ISBN 978-3-7450-8498-6 für 8,99 €.**

Michael Franzen

Tagebuch der Geschichte der USA des 19. Jahrhunderts

1878 - 1888

Der siebente Band der Geschichte der USA des 19. Jahrhunderts beschreibt chronologisch die Zeit der Besiedlung des Mittelwestens und dem voranschreitenden Eisenbahnbau. Die Indianerkriege sind beendet und lediglich die im Südwesten der USA beheimateten Apachen leisten der US-Armee bis 1886 noch Widerstand. Der Wilde Westen beginnt zivilisiert zu werden und die Vereinigten Staaten rüsten sich für den Aufbruch in die Moderne und Ihrem Aufstieg zur Weltmacht des 20. Jahrhunderts - **166 Seiten als Taschenbuch, 33 s/w-Abbildungen, ISBN 978-3-746706-43-6 für 7,99 €.**

Michael Franzen

Alias Billy the Kid

Leben und Sterben des Henry McCarty

Billy the Kid war eine der legendärsten Figuren der amerikanischen Pionierzeit und bereits zu Lebzeiten eine Legende. Von der Kindheit und Jugend bis hin zu den Boomtowns New Mexikos verfolgt der Autor den Lebensweg von Henry McCarty, der für jedes seiner 21 Lebensjahre einen Menschen erschossen haben soll - **152 Seiten als Taschenbuch, 3. überarbeitete Auflage 2023, 40 s/w-Abbildungen, ISBN 978-3-752957-64-8 für 9,75 €.**

Michael Franzen

Wild Bill Hickok

Spieler und Revolverheld

Wild Bill Hickok war einer der schillerndsten Figuren der amerikanischen Pionierzeit und bereits zu Lebzeiten eine Legende. Von der Kindheit und Jugend bis hin zu den Goldgräbercamps von Dakota verfolgt dieses Buch den Lebensweg von James Butler Hickok und räumt mit der Legendenbildung um seine Person auf - **208 Seiten als Taschenbuch, 3. überarbeitete Auflage 2023, 24 s/w-Abbildungen, ISBN 978-3-750283-59-6 für 11,95 €.**

Michael Franzen

Die Teton-Sioux

Ein Volk kämpft!

Die Teton-Sioux entwickelten sich im 19. Jahrhundert zur größten Reiternation auf den zentralen Plains Nordamerikas. Um die Black Hills und ihr Land entwickelte sich ein langanhaltender Kampf mit der US-Armee. Häuptlinge wie Red Cloud, Sitting Bull oder Crazy Horse wurden berühmte Anführer ihres Volkes - **316 Seiten als Taschenbuch, 3. überarbeitete Auflage 2023, 28 s/w-Abbildungen, ISBN 978-3-750286-07-8 für 13,95 €.**

Michael Franzen

Die Apachen
Ein Guerillakrieg in der Wildnis

Die Apachen galten als hartnäckige Verteidiger ihrer Heimat und kämpften einen über die Jahrhunderte hinweg andauernden Freiheitskampf gegen ihre indianischen Nachbarn sowie gegen die Spanier, Mexikaner und Amerikaner. Häuptlinge wie Cochise, Victorio oder Geronimo wurden legendäre Anführer ihres Volkes - **168 Seiten als Taschenbuch, 3. überarbeitete Auflage 2023, 17 s/w-Abbildungen, ISBN 978-3-750284-18-0 für 9,95 €.**

Michael Franzen

Buffalo Bill

Westernheld und Showmaster

Buffalo Bill Cody, Kundschafter, Pony-Express-Reiter, Büffeljäger, Westernheld, Schauspieler und Showman. Hier wird der Lebensweg von William Frederick Cody eindrucksvoll nachgezeichnet, der bereits zu Lebzeiten eine Legende war und dessen Person in der Pioniergeschichte des Wilden Westens bis in die heutige Zeit hinein seinen festen Platz hat - **132 Seiten als Taschenbuch, 3. überarbeitete Auflage 2023, 15 s/w-Abbildungen, ISBN 978-3-750286-84-9 für 8,95 €.**

Druck:
CPI Druckdienstleistungen GmbH
im Auftrag der
Zeitfracht GmbH
Ein Unternehmen der Zeitfracht - Gruppe
Ferdinand-Jühlke-Str. 7
99095 Erfurt